UN CRIME

DICHOTOMIQUE

ÉMILE CHAUVELON
Ancien Élève de l'École Normale Supérieure
Agrégé de l'Université

UN CRIME DICHOTOMIQUE

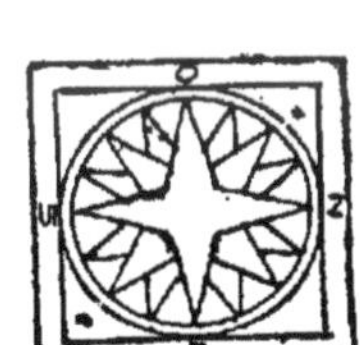

ANDRÉ DELPEUCH, ÉDITEUR
51, RUE DE BABYLONE, 51
PARIS
—
1926

A la Mémoire

DE MON FILS

HENRI CHAUVELON

REÇU LE PREMIER ET LE PLUS JEUNE DE SA PROMOTION

A

L'ÉCOLE NORMALE SUPÉRIEURE

ET MORT

DES SUITES D'UNE OPÉRATION CHIRURGICALE CRIMINELLEMENT ABUSIVE

Respectueusement et douloureusement
je consacre ce livre

ÉMILE CHAUVELON.

UN TÉMOIGNAGE SUR LE MORT

EXTRAIT

D'UNE ALLOCUTION PRONONCÉE PAR

ÉMILE PICARD

Membre de l'Académie Française,
Secrétaire perpétuel de l'Académie des Sciences

DEVANT

L'ASSOCIATION AMICALE DE L'ÉCOLE NORMALE SUPÉRIEURE

« ... Chauvelon, du côté des Lettres, était en même temps « cacique (c'est-à-dire premier) et le plus jeune de sa promotion.

« Les espérances les plus brillantes étaient permises pour lui, « et elles étaient d'autant plus chères à l'École qu'il était le fils « d'un de nos camarades... Nous nous associons de tout cœur à « la douleur de son père. »

INTRODUCTION

LA DICHOTOMIE

I

QU'EST-CE QUE LA DICHOTOMIE?

C'était un jeune homme de très grande espérance, puisqu'il s'était, sans effort, fait recevoir le premier et le plus jeune de sa promotion à l'École Normale Supérieure.

Il est mort après six mois d'une lamentable agonie, à l'âge de dix-neuf ans, des suites d'une opération chirurgicale criminellement abusive.

Il était vigoureux, de haute taille, énergique, à la fois très sportif et très studieux.

Je ne veux pas que cette mort, qui ne fut pas naturelle, passe inaperçue.

Je veux en tirer une leçon d'intérêt public.

Je tiens à dénoncer, au nom d'une très cruelle expérience, dans les dichotomistes, un péril social.

Car cette opération mortelle eut pour cause, uniquement, un intérêt dichotomique.

***

Qu'est-ce donc que la dichotomie, dont on parle beaucoup, mais pas assez cependant, depuis une vingtaine d'années?

Le sens de ce terme d'argot médico-chirurgical, est abominable.

Le mot lui-même, composé de deux racines grecques, signifie d'après le dictionnaire d'Hatzfeld et Darmsteter, « état de ce qui est « coupé en deux », et, par extension, méthode de subdivision « binaire ».

« Dichotomie » aurait donc ici, d'après son étymologie, ce sens : *partage en deux parties égales du prix d'une opération chirurgicale*. Ce partage se fait entre le chirurgien qui a été chargé de l'opération, et le médecin qui a amené au chirurgien le malade, le sujet opérable. C'est une « *remise de rabattage* » (page 195), écrit le Dr Henri Verger, professeur de médecine légale à la Faculté de Bordeaux.

Mais, en fait, le médecin-rabatteur ne reçoit qu'une part qui varie du tiers au cinquième, nous affirme ce même Dr Henri Verger, dans sa *Déontologie*, ou « science des devoirs du médecin ».

Ce partage, ou cette remise, est *secret, clandestin.* Il est ignoré du malade et de sa famille.

L'opéré, ou bien sa famille, paient au chirurgien, généralement avant l'opération, le prix de cette opération sur une note unique, quand il y a une note. Ils croient payer le chirurgien, et rien que le chirurgien.

***

L'édition de 1914 de la *Déontologie* du Dr Martin (de Lyon) ne traite pas la question de la dichotomie. Elle s'en abstient pudiquement.

Mais la *Déontologie* du Dr Henri Verger (de Bordeaux) n'a pas la même timidité, ou la même réserve.

Ce livre est daté de 1921. Voici ce qu'il nous dit d'essentiel sur ce sujet : « Dans la pratique, une habitude « fâcheuse tend à se développer (entre médecin et « chirurgien), qui a été baptisée bizarrement *dichoto-* « *mie* ».

S'il y a absence de collaboration à l'opération de la part du médecin, c'est « une remise de rabattage ».

« *Elle implique la tromperie vis-à-vis du malade* à l'insu duquel elle est pratiquée ».

Cette habitude « conduit naturellement les praticiens « à adresser leurs malades aux chirurgiens les plus « offrants » (page 195). « Enfin, la méfiance et le mépris « doivent nécessairement naître dans l'esprit du public « au courant des pratiques dichotomiques (p. 195-196) ».

M. Henri Verger, qui est médecin, se garde bien de dire ce qu'il y a de plus grave : la dichotomie fait faire mainte opération inutile, nuisible, dangereuse. Elle est criminelle. Son triomphe, c'est la récidive du mal. Son aboutissement, c'est la mort.

***

En public, ouvertement, la dichotomie médico-chirurgicale, c'est-à-dire le partage *clandestin*, entre le rabatteur et l'opérateur, du prix de l'opération, ne trouve absolument pas un seul défenseur.

Il y a même contre elle toute une littérature qui, malheureusement, est loin d'être assez connue.

Donnons-en ici un bref aperçu.

Les *Morticoles*, de Léon Daudet (1894) ; le *Mal Nécessaire*, d'André Couvreur (pas *nécessaire* du tout ; ce roman contient de très belles parties, mais sa thèse essentielle, à savoir que ce sont les chirurgiens téméraires et criminels qui font avancer la science chirurgicale, ne tient pas debout) ; et le « *Couteau, essai dramatique sur les limites du droit chirurgical* », du Dr Espé (Saint-Paul) de Metz (1910). Ces trois ouvrages traitent surtout d'opérations chirurgicales abusives et criminelles, sans attaquer spécialement le partage dichotomique clandestin.

Par contre, en 1911, MM. Mouëzy-Eon et Jubin font représenter sur le théâtre du Grand-Guignol une pièce en deux actes intitulée *Dichotomie* : contre cette pièce, tant la satire est vive, directe et juste, le Conseil du « Syndicat des Médecins de la Seine et des Communes « limitrophes » croit devoir élever une protestation publique, mais très modérée, très faible même, et pour cause.

A la date de 1921, André Pascal (Dr Henri de Rotschild) signe un drame sur ce même sujet. C'est le *Caducée*, pièce éclectique, ou, pour mieux dire, composite, qui imite beaucoup, et conclut faiblement, mais non pas certes, en faveur de la dichotomie.

Puis ce fut au tour de la presse de livrer bataille.

Mentionnons la campagne du *Cri de Paris* (mars-avril 1923) ; l'article de J.-H. Rosny aîné dans le *Quo-*

tidien, du 14 mai 1923, et la série d'articles publiés sur ce sujet ou sur des sujets voisins par l'*Œuvre* pendant l'été de 1924.

Signalons enfin les trois articles donnés par le Dr G. Lemière dans un hebdomadaire médical bien connu, le *Journal des Praticiens*, en novembre 1923. « Sans « doute, écrit le Dr Lemière, qui se place au point de « vue des intérêts du médecin de quartier, je n'ai pas « la prétention de supprimer la dichotomie et d'empê- « cher ces petits cadeaux (*sic*) (page 2.139). »

Mais il prétend la régulariser, la normaliser, et la rendre publique, au lieu de la maintenir secrète et clandestine. Le médecin assistera, collaborera à l'opération. Le client saura que son médecin touche telle somme, et pourquoi il la touche. Telle est la conclusion du Dr Lemière, du moins, en apparence. En réalité, il n'a pas d'autre souci que d'assurer ou de maintenir au médecin traitant une part de cette grosse aubaine qu'est une opération chirurgicale. Il envisage non pas l'intérêt du malade, mais celui du médecin.

***

Le vœu de la plupart des littérateurs, des publicistes, et des médecins *en tant que publicistes*, peut se traduire ainsi : « Le partage dichotomique entre médecin et « chirurgien continuera à s'exercer, *mais au su et au vu du client* : il cessera d'être clandestin. »

Nous, nous en demandons la suppression pure et simple, radicale, absolue, en dehors du cas où le médecin assiste à l'opération. Mais cette présence, qui peut être, à plus d'un point de vue, de la plus grande utilité, se paierait à part, sur une note distincte de celle du chirurgien.

Le « *Concours Médical* » de 1912, ainsi que nous l'apprend le Dr Henri Verger dans sa *Déontologie*, donna à la dichotomie « la haute consécration de son autorité « (*sic*) ; mais *il demanda en même temps qu'elle soit « rendue publique* ». (C'est nous qui soulignons, page 196.)

En 1920, MM. P. Le Gendre et Ribadeau-Dumas, dans leur *Déontologie,* qui constitue le premier volume du *Traité de Pathologie Médicale et de Thérapeutique appliquée,* publié sous la direction de MM. Émile Sergent, L. Ribadeau-Dumas, et L. Babonneix, formulèrent ainsi la règle de la méthode qu'ils préconisent : « Le « *choix du chirurgien* nous est-il laissé (à nous médecins), « nous devons nous guider suivant le cas d'après la « notoriété que tel ou tel s'est acquise par ses travaux « spéciaux... *L'assistance du médecin à l'opération* est « de règle. Il a pris sa part de responsabilité en la « conseillant ou en l'approuvant ; il doit donc, par sa « présence, en sanctionner l'exécution... *La seule pra-« tique inacceptable est la dichotomie clandestine.* » (Ce sont les auteurs qui soulignent, page 326).

Nous dirions, du livre de MM. Le Gendre et Ribadeau-Dumas, qu'il est d'une probité et d'une moralité parfaites, si, après avoir posé le juste principe, il prenait la peine d'en étudier et d'en assurer l'application. Mais il est muet sur ce sujet. Il semble s'en désintéresser.

D'après la *Déontologie* du Dr Payen, la solution de la question de la dichotomie « est d'établir les honoraires « de chacun au grand jour, d'accord avec la famille ».

C'est également, ainsi qu'on vient de le voir, l'opinion que soutient le Dr G. Lemière dans le *Journal des Praticiens.* Mais ce même Dr Lemière cite sans indignation l'opinion d'un confrère qui lui écrit : « Que le partage « (des honoraires) soit connu ou non du public, et par « conséquent de nos clients, cela importe peu. »

Au contraire, toute la question est là : *dans le caractère clandestin,* de la dichotomie.

Précisément, le livre que nous écrivons a pour but de montrer, par un exemple navrant, les inconvénients et les dangers — car il y en a de plus d'une sorte — de la dichotomie *secrète,* qui trompe cyniquement le malade et sa famille, et qui opère non pas dans l'intérêt du patient, mais exclusivement dans celui du chirurgien et du rabatteur.

Supprimer le secret de la dichotomie, c'est fort bien. Mais cette suppression du secret entraînera, dans la plupart des cas, celle de la dichotomie elle-même. Ce sera encore mieux, car c'est la seule mesure qui serait vraiment efficace.

La dichotomie est *une honte pour le monopole médical et chirurgical* actuellement en vigueur.

Pour le public, c'est *un péril social.* Et ce péril peut être d'une gravité extrême, et engendrer des souffrances inouïes, comme on le verra par ce livre modéré, mais véridique.

LA CASTRATION

II

L'INVRAISEMBLABLE

Pour tout lecteur qui n'a pas eu, dans sa famille ou dans son milieu, contact avec un crime dichotomique, nous aurons l'air de dire des choses non seulement monstrueuses, mais invraisemblables.

Afin de triompher de cette impression, afin de faire en même temps la lumière et la conviction, commençons par poser, dans sa nudité et dans sa simplicité, la série des faits qui, le lundi 26 juillet, conduisirent ce vigoureux jeune homme de dix-neuf ans chez le médecin-rabatteur, le Dr Scapin, et qui, le jeudi suivant, à huit heures du matin, le couchèrent sur la table d'opérations de la maison des Sœurs Silentines, où le chirurgien-complice, le Dr Bruth, le châtra.

***

Nous avons l'air de dire des choses incroyables.

Posons donc des faits. Donnons des précisions.

C'est le vendredi 24 juillet que le jeune homme apprend qu'il est reçu premier à l'École Normale Supérieure.

Que s'est-il donc passé d'extraordinaire entre cette date et celle de la castration, entre le 24 et le 29 juillet?

De quelle surprise, de quel accident le jeune lauréat a-t-il été la victime?

Pour répondre à cette question, suivons le pas à pas, jour par jour.

Et, tout d'abord, dressons un tableau sommaire des faits.

III

LES FAITS DE BASE

Le samedi 24 juillet, lendemain de sa réception, il va faire, selon l'usage, sa visite individuelle au Directeur de l'École Normale Supérieure, M. Gustave Lanson. Nous possédons, de ce dernier, un témoignage écrit.

Le dimanche 25 juillet, il écrit, pour les remercier, à cinq professeurs des cours supérieurs du lycée Louis-le-Grand. Nous avons les réponses de ces Messieurs.

Le lundi 26 juillet, il dit à son père qu'il a besoin de voir un médecin avant de partir pour les vacances. A ce moment, le médecin de la famille, le Dr Horsch, se trouvait être absent de Paris. Son père conduit donc le jeune homme chez un docteur voisin, qui remplissait temporairement le rôle de remplaçant du Dr Horsch. C'était le dichotomiste Marius Scapin.

Ce dernier, après une caricature de consultation dont nous aurons à reparler dans la suite, téléphone au Dr Bruth, chirurgien des hôpitaux, pour lui annoncer la visite du fils et du père pour le lendemain.

Le lendemain, mardi, consultation du Dr Bruth. Nous exposerons dans un chapitre prochain ce qu'elle fut. Avec une incontestable maestria, le Dr Bruth réussit (nous dirons comment) à imposer une *castration brusquée.* Immédiatement, il téléphone à sa maison de santé, la maison des Sœurs Silentines, que la « castration » se fera le surlendemain, jeudi, dans leur salle d'opérations, à huit heures du matin. Le patient doit se rendre à la dite maison des Silentines le mercredi, à cinq heures de l'après-midi. On se garde bien de lui laisser le temps de la réflexion.

Le jeudi matin, 29 juillet, à huit heures, le coup irréparable était porté.

La castration du côté droit était chose faite.

Le bistouri dichotomique avait bien travaillé : dans le corps du patient, il avait, en lettres de sang, inscrit la nécessité d'une seconde opération, d'une troisième peut-être, et aussi la nécessité de la mort six mois après.

Récapitulons : ce jeune homme de dix-neuf ans fut castré six jours après avoir été reçu premier à l'École Normale Supérieure ; trois jours après la consultation du Dr Scapin ; deux jours après la consultation du Dr Bruth.

IV

RIEN NE LE DÉSIGNAIT POUR LA CASTRATION

Le jeune homme avait-il des antécédents qui le condamnaient à subir cette opération monstrueusement barbare?

Soyons objectif, et procédons par ordre. Il y a quatre espèces d'orchites, c'est-à-dire d'inflammation ou de corruption pathologique d'un des deux testicules, ou des deux testicules à la fois : l'orchite traumatique, l'orchite blennorrhagique, l'orchite syphilitique, et l'orchite tuberculeuse.

L'orchite traumatique est le résultat d'une blessure. Le jeune homme n'avait pas subi de blessure.

L'orchite blennorrhagique est, comme le mot l'indique, le résultat d'une blennorrhagie, c'est-à-dire, selon le terme vulgaire, d'une chaude-pisse. Or, le jeune homme n'avait pas de blennorrhagie, et, au surplus, ce genre d'orchite n'entraîne pas la castration, sauf, peut-être, en cas de complications aussi graves qu'exceptionnelles.

Quant à l'orchite provenant d'une syphilis soit acquise, soit héréditaire, elle se soigne, et très généralement se guérit par l'application du traitement spécifique de la syphilis. La castration n'intervient qu'à la dernière extrémité, et à titre tout à fait exceptionnel. On prête à Ricord ce mot : « On castre quand le testicule est réduit au point de n'être plus qu'un *haricocèle.* » Ce n'était point le cas de ce jeune homme. Il n'y eut jamais lieu de lui appliquer, même à titre d'essai, le traitement spécifique anti-syphilitique, et jamais ni son testicule droit, — celui que cueillit le Dr Bruth — ni son testicule gauche, qu'il lui laissa, n'évoluèrent vers l'état de « haricocèle ». Il ne fut jamais atteint d'orchite syphilitique. D'ailleurs tout le monde sait que cette espèce d'orchite ne comporte presque jamais la castration, et qu'elle nécessite, dès l'abord, le traitement d'essai.

Reste l'orchite tuberculeuse.

Ce fut le cas de ce jeune homme. Tous les témoignages, tous les faits l'établissent.

Mais, de l'orchite tuberculeuse à la castration, il y a loin, il y a même très loin.

Ainsi que toute personne éclairée le sait, la castration est l'ultime phase du traitement de l'orchite tuberculeuse. C'est aussi, nous disent crument certains livres de médecine, le traitement réservé à la *clientèle pauvre* des hôpitaux.

Il y a d'abord la phase diétético-hygiénique.

Puis la phase de physiothérapie : bains de soleil, cure d'altitude, air marin, etc...

Ensuite, la phase d'injections locales (dans le testicule) sclérosantes et modificatrices.

Enfin le curetage : suppression, par le bistouri et la cautérisation, des parties du testicule atteintes par le bacille.

Et, en désespoir de cause, la castration, quand le testicule est tellement altéré qu'il est devenu, selon l'expression d'une thèse médicale « un clapier purulent ».

Encore est-il juste de dire qu'il est maint et maint docteur qui n'admettent pas cette phase ultime, et désespérée ; ils la tiennent pour barbare, périmée et digne du Moyen-Age.

***

A quel degré du mal en était le jeune homme que le Dr Bruth, chirurgien très officiel, châtra?

Le testicule droit était gonflé, mais nullement suppuré ; pas même excorié.

Et ce jeune homme était exactement « comme tout le monde ». Il venait de subir, avec le succès que l'on a vu, les examens écrits et oraux de l'École Normale

Supérieure. Lui seul savait qu'il était malade. Il n'avait pas été arrêté un seul instant. L'unique précaution qu'il avait dû prendre avait été d'acheter et de porter un suspensoir.

La maladie était absolument indolore, et apyrétique, c'est-à-dire sans fièvre. Elle durait depuis plusieurs semaines. Il ne tenait qu'à lui de s'en aller en vacances sans en rien dire aux siens, et de se soigner, par la chaise longue et les bains de soleil, dans sa tranquille villégiature de Hautlieu (Loir-et-Cher) où il passait habituellement ses vacances.

Il y a plus : il avait eu deux atteintes antérieures, mais leur nature tuberculeuse avait passé tout à fait inaperçue. La première, c'était deux ans auparavant, au cours d'une attaque de grippe. La seconde, c'était l'année qui précéda la castration, à la suite de deux voyages extrêmement fatigants faits, à trois jours d'intervalle, pour un deuil de famille, dans des wagons bondés, où force était de se tenir debout.

Le médecin de famille, le Dr Horsch, avait guéri le premier cas par le seul traitement anti-grippal, et le second, par huit jours de repos au lit, et quelques onctions sur le testicule. Il n'avait pas parlé de tuberculose à la famille : pas un seul mot. Rien.

Et le jeune homme avait repris sa vie active : de labeur intellectuel à Paris ; de travail matériel et d'exercice physique, aux vacances.

Il était grand, solide, très sportif. Et quand l'affreux Dr Bruth lui parla de castration — on lira plus loin le récit de ce forfait chirurgical et dichotomique — sa première question fut : « Pourrai-je faire ensuite de la bicyclette ? »

Le dichotomiste répondit évasivement.

V

FUNESTE HASARD

Avant d'aborder le récit des faits qui conduisirent le jeune homme de la consultation chez le rabatteur à la table d'opération, puis, par d'affreuses étapes, jusqu'à la mort, voyons quel funeste hasard lui avait inspiré, ainsi qu'à son père, une confiance injustifiée dans la probité du Dr Bruth, expert officiel, agrégé de médecine, et chirurgien dans un des grands hôpitaux de Paris.

Cette confiance d'un caractère exceptionnel, et plus sentimentale que réfléchie, fut la cause décisive qui entraîna le consentement à la castration brusquée, en dépit du caractère insolite et étrange de cette cure paradoxale.

L'ensemble de circonstances qu'il s'agit de résumer ici se situe à une distance d'environ un an avant la castration.

D'autre part, il convient de noter ici que le Dr Bruth était l'opérateur auquel le Dr Horsch, médecin de la famille du jeune homme, ainsi que son remplaçant, le Dr Scapin, adressaient les malades qu'ils décidaient à affronter une opération.

***

Remontons donc quelques années en arrière.

Nous voilà en 1919. L'armistice avait ramené en France, l'année précédente, le frère aîné de notre malade. Ce frère aîné, tout jeune soldat, avait été blessé à sa première bataille, celle du Grand Rozoy (fin de mai 1918), et fait prisonnier. A son retour en France, sa blessure suppurait encore.

L'hôpital Saint-Joseph, à Paris, l'avait hâtivement

« blanchi » par l'application du chlorure de zinc, et par le repos forcé, au lit, puis congédié. Mais, aussitôt après, dès la première fatigue, la suppuration recommença.

Son père le conduisit chez le médecin de la famille, le Dr Horsch. Celui-ci conseilla au blessé de se faire radiographier le pied blessé par le Dr Poingret, puis de se présenter de sa part, muni de la radiographie, au Dr Bruth, dont il fit un vif éloge, *et dont il était correspondant.*

Ce qui fut fait.

« Avez-vous une lettre du Dr Horsch », demanda tout d'abord le Dr Bruth? — « Non », répondit le père, un peu étonné de cette question. Mais il l'attribua au désir qu'avait le chirurgien de ne pas se laisser duper par un soldat qui pouvait être désireux de s'embusquer.

« Tiens-toi debout sur ton pied malade en levant les deux bras en l'air : fais comme le génie de la Bastille », dit le chirurgien au jeune soldat, en usant d'un tutoiement qui choqua le père.

Du coup, le jeune soldat blessé trébucha, et faillit tomber.

« C'est bien, ajouta le chirurgien : cela suffit. »

Et il lui donna un mot pour le Dr Arnaud, de la caserne des Tourelles, à laquelle le jeune soldat était attaché momentanément.

Le père demanda quel était le prix de la consultation.

« Je ne fais jamais payer les soldats », repartit le Dr Bruth avec une certaine emphase.

— Il est d'origine alsacienne, pensa le père : il est patriote avec un peu d'affectation. »

Les deux visiteurs avaient, au cours de la consultation, montré au Dr Bruth la radiographie du pied blessé. Mais il n'y avait pas fait attention. Le père comprit plus tard ce dédain. Le Dr Horsch l'avait envoyé au radiographe, le Dr Poingret, surtout afin de toucher sa part de la somme assez ronde que ce dernier demanda. Le Dr Bruth, pour qui la dichotomie n'a pas de secrets, ne s'y était pas trompé. Il préférait à ce carton, l'épreuve du « génie de la Bastille ».

A la caserne des Tourelles, le Dr Arnaud prit connaissance de la lettre du Dr Bruth, fit son éloge, et établit sur le champ, en faveur du jeune soldat, une demande d'évacuation pour la salle militaire qui avait été créée à l'hôpital Saint-Philippe, dans la partie affectée au Dr Bruth.

Le chirurgien opéra le jeune homme, mais ne le revit plus. La plaie se ferma définitivement. En réalité, c'était une affaire insignifiante.

***

Durant les semaines que le jeune soldat passa à l hôpital Saint-Philippe, le père l'alla voir maintes fois, ainsi que son fils cadet, le futur castré. A chaque visite qu'ils faisaient, ils lisaient le nom du Dr Bruth, écrit sur les murs, en gros caractères majuscules : « Couloir conduisant au service du Dr Bruth »; « Escalier du Dr Bruth »; « Cabinet du Dr Bruth »; « Salle du Dr Bruth ».

De plus, on parlait beaucoup du Dr Bruth, dans la salle militaire, où il était à la fois populaire, et un peu redouté. On s'entretint assez longtemps d'un blessé qui avait la jambe gauche littéralement couverte de varices. Le Dr Bruth l'avait finalement opéré. L'opération avait été délicate : il l'avait préparée longuement. Avant de la pratiquer, il avait averti la femme du blessé des risques que faisait courir à ce dernier l'opération qu'il avait l'intention de faire, et avait pris soin d'obtenir son consentement.

Tous ces propos pénétraient dans la mémoire du père et du fils. En passant par les couloirs, en montant l'escalier, en traversant la salle militaire, en redescendant l'escalier, en retraversant en sens inverse, les couloirs et la cour, ils lisaient à chaque fois, sur trois ou quatre murs le nom du Dr Bruth.

Ils en avaient les yeux obsédés, et l'esprit tout plein.

Quand ce fils aîné fut guéri, le père écrivit au Dr Bruth pour lui exprimer sa reconnaissance. Pourtant, le Dr Bruth n'avait vu ce fils aîné que deux fois : d'abord en consultation, puis pour pratiquer, sur sa blessure mal cicatrisée, une opération sans importance.

***

Rappelons ici que le père ne connaissait alors, de la dichotomie, que le nom, le mot. Il ne se la représentait pas dans sa dangereuse réalité, dans l'horreur de ses conséquences.

Il n'avait jamais eu contact avec la littérature relative à ce sujet. Il n'avait pas encore lu dans le drame philosophique, inégal mais puissant, du Dr Espé de Metz, le *Couteau*, ces paroles cyniques adressées par le criminel Dr Manitov au Dr Bertrand : « Nul plus que nous n'a « besoin d'honnêteté, d'honneurs, et d'hommages. »

Ni cet autre passage du même livre révélateur :

« Votre humanité consistera à soigner gratuitement « pour en tirer profit... Vous saurez inspirer aux patients « la terreur qui, sans raison, les jettera, livides, sur « votre table d'opération..., plus malfaisant que le « détrousseur de grands chemins qui demande la « bourse ou la vie... »

Aussi lorsque, un peu plus tard, au cours de la consultation que nous allons bientôt raconter, le remplaçant temporaire du Dr Horsch, le Dr Scapin, donna au père, qui lui présentait son fils cadet atteint d'une orchite tuberculeuse indolore, torpide, et fort peu avancée, le conseil d'aller consulter le chirurgien Bruth, le père au lieu d'être surpris et inquiet, et de se mettre immédiatement en garde, éprouva-t-il, bien à tort, hélas ! *un véritable sentiment de soulagement et de sécurité.*

Sécurité trompeuse : c'était la marche à la mort qui commençait.

VI

LA CONSULTATION CHEZ LE RABATTEUR

C'est le 23 juillet que le jeune homme avait été reçu à l'École Normale Supérieure.

Trois jours après, le lundi matin 26 juillet, il dit à son père qu'il avait besoin de voir un médecin avant son départ pour les vacances.

— Qu'as-tu donc? lui demanda son père.

— Nous verrons cela chez le docteur : c'est peu de chose. »

Le père eut le très grand tort de ne pas insister. Il estima qu'il ne s'agissait que de quelque fatigue passagère, alors que cette récidive d'orchite tuberculeuse, qu'il ignorait totalement, datait de quelques semaines. Elle avait été contemporaine des examens écrits et oraux que le jeune homme venait de subir. De cette complication, ni le père, ni personne de la famille, ne savait absolument rien. C'est dire combien peu elle était grave.

Aussitôt après déjeuner, le père et le fils se rendirent donc chez le remplaçant temporaire de leur médecin de famille, le Dr Horsch : c'était le Dr Marius Scapin.

La consultation ne fut pas longue : le trop habile dichotomiste la fit aussi banale, aussi insignifiante que possible, dès qu'il eut vu que ni le fils, ni le père, ne connaissaient rien à la nature du mal.

Ce fut non pas une constultation, mais un tour de passe-passe.

« Lorsque vous visitez un malade pour la première fois, recommande la *Déontologie* Martin, vous lui devez un examen complet » (page 62).

La consultation du Dr Scapin fut trompeuse et frustratoire.

Il n'avait qu'un but : envoyer le malade chez le Dr Bruth. Il connaissait ce chirurgien, et le savait homme à ne pas lâcher sa proie. Le patient n'échapperait pas au bistouri, et le Dr Scapin toucherait sa « remise de rabattage », selon l'expression de la *Déontologie* Verger.

***

Tout d'abord, sur un signe du Dr Scapin, le jeune homme s'étendit sur la chaise-longue, déboutonna son pantalon, enleva un suspensoir dont la poche du côté droit était capitonnée d'ouate, et découvrit un testicule gonflé, d'un rouge brillant, mais physiquement intact : pas de trace de fistule, pas la moindre suppuration.

Le père ne fut pas extrêmement surpris : il se remémora les attaques de 1918 et 1919, et donna au Dr Scapin quelques explications à ce sujet.

Le docteur émit deux vagues phrases, où figuraient les expressions « bain de soleil » et « infection bacillaire ». C'était un simple essai destiné à explorer l'état d'esprit de ses visiteurs.

Ni le père, ni le fils ne sourcillèrent : ils attendaient des explications, et ne comprenaient pas. Ils ignoraient qu'il y eût, à l'occasion, synonymie entre les termes « bacillose » et « tuberculose ». Jamais le Dr Horsch, leur médecin de famille, n'avait même fait allusion à la tuberculose au cours des deux atteintes précédentes. Aussi n'y pensaient-ils même pas.

Pourquoi donc le Dr Scapin parlait-il, devant des profanes, en termes si vagues? Se réservait-il de révéler au père, dans le secret d'un entretien particulier, la véritable nature du mal?

On verra bientôt que sa préoccupation était exactement inverse.

Pourquoi prononçait-il cette expression « bain de soleil » d'un ton détaché et frivole, exactement comme s'il eût parlé de rayons de lune? Quelle était donc la raison secrète de cette indifférence affectée?

Et surtout, pourquoi ne demanda-t-il ni au père,

ni au fils, si celui-ci n'avait pas subi quelque traitement général, pris de l'huile de foie de morue, et des fortifiants?

***

Après avoir ainsi pris la mesure de l'ignorance de ses deux clients, il alla droit au but : *la préparation d'une opération dichotomique*.

Il ne dit plus un mot, plus un seul mot, ni de « l'affection bacillaire » ni des « bains de soleil ».

Il se contenta de tâter le testicule gonflé, et de prononcer, toujours du même ton léger et indifférent : « C'est une épididymite vieille d'un an. Il faudra peut- « être une opération. »

***

Une opération ! Le père, qui avait été témoin de la guérison rapide et facile des précédentes atteintes, se récria à ce mot.

Il expliqua que son fils avait travaillé sans effort, sans excès, mais constamment, pour son succès à l'École Normale Supérieure ; qu'il venait d'y être reçu premier, trois jours auparavant ; qu'il se trouvait en état de surmenage, ou du moins de fatigue, et que, dans ces conditions, il était impossible de songer à une opération. D'ailleurs, cette opération était-elle nécessaire? Était-elle véritablement indiquée?...

Le dichotomiste comprit qu'il y avait urgence à jeter du lest.

« L'opération, remarqua-t-il, n'est peut-être pas né- « cessaire. Sur cette question, je ne suis pas compétent. « Je vous conseille d'aller vous informer auprès d'un « chirurgien réputé, le Dr Bruth. Il saura vous dire, « bien mieux que moi, ce que vous avez à faire. »

— Le Dr Bruth? Mais je le connais, répliqua le père. Et, sommairement, il fit au Dr Scapin le récit des faits que nous avons résumés précédemment : son fils aîné blessé de guerre, prisonnier en Allemagne, rapatrié fin 1918. La blessure de son pied suppurant obstinément plus de trois mois après son retour, plus de huit mois après la date de la blessure. Puis la consultation chez le Dr Horsch, la radiographie du Dr Poingret, le blessé reçu à l'hôpital Saint-Philippe, opéré par le Dr Bruth, et guéri de sa suppuration. Il termina en disant quelle reconnaissance il avait vouée pour cette raison, au Dr Bruth.

Scapin sentit qu'il avait partie gagnée, et qu'il jouait sur le velours.

— La consultation du Dr Bruth, répondit-il, a lieu demain mardi, à deux heures. Vous irez vous expliquer avec lui. Je vais lui annoncer votre visite.

— Pourquoi cette annonce? se demanda le père.

Mais déjà le Dr Scapin avait saisi son appareil téléphonique, et mettait le « grand chirurgien » au courant de l'affaire.

***

Une fois la communication téléphonique terminée, le rusé dichotomiste dit à ses deux visiteurs : « C'est chose entendue : demain vous verrez le Dr Bruth. Il vous dira ce qu'il faut faire. *Mais je ne pense pas qu'une opération soit indispensable.* »

Et il insista sur cette idée, afin de calmer les appréhensions du père, et d'amener en douceur le dénouement que lui, dichotomiste, désirait.

L'affaire avait été conduite avec une aisance et un brio qui font le plus grand honneur à l'auteur de drames et de comédies qui double, chez le Dr Scapin, le médecin.

Quand il vit que le père était au point voulu, il ajouta : « Je vous prie de dire au Dr Bruth que la jeune fille qu'il devait opérer va mieux, et guérira très probablement sans le secours du bistouri. »

Le Dr Scapin voulait trop bien faire : cette fois, il était allé un peu loin.

Le père fut troublé par cette confidence, qui lui donna à réfléchir. Mais il avait une telle confiance dans la probité du Dr Bruth, qu'il prenait alors pour un savant et pour un homme d'un grand mérite, que cette impression de surprise, qui pouvait contenir en germe le salut de son fils, fut bien vite effacée.

Elle ne renaîtra que plus tard, à mesure que se préciseront les présomptions, puis les preuves, du crime dichotomique.

Mais ce sera trop tard.

VII

UNE ORDONNANCE DE VERRES DE LUNETTES

La consultation était terminée.

Le moment était venu, pour le père, de prendre à part le Dr Scapin, et de lui poser la question habituelle, après avoir prié son fils de l'attendre un instant à l'écart : « Docteur, dites-moi toute la vérité : la situation de mon fils vous paraît-elle grave? »

Le Dr Scapin en eut sans peine l'intuition.

Il préféra éviter cette question gênante. Voici comment'il s'y prit.

***

Au cours de la consultation, le père, qui avait la naïveté de plaider contre l'opération auprès d'un médecin dichotomiste, avait invoqué l'état de fatigue de son fils, et indiqué que sa vue même s'en ressentait : en effet le jeune homme, quand il travaillait, portait des lunettes, conformément au conseil d'un ophtalmologiste notoire, le Dr Biagini.

Le Dr Scapin se souvint de ce propos, et dit au jeune homme : « Vous souffrez des yeux. C'est ma spécialité. Voulez-vous que j'examine votre vue? »

Il oubliait de dire que cette spécialité était assez récente.

C'était un fruit de la guerre. Avant la guerre, comme après la guerre, le Dr Scapin était médecin de quartier, se vantant de donner jusqu'à soixante consultations par jour. Mais il surajoutait à cette profession la spécialité d'accoucheur.

Quand vint la guerre, il fut atteint par un éclatement d'obus (à quelque distance) d'une « plaie contuse » au pied. Il en profita pour se faire évacuer vers des hôpitaux méditerranéens.

Ce jeu dura un an et plus. Puis, pour cette « plaie contuse » du pied par éclatement d'obus, il obtint la réforme.

Juste à cette même époque, un grattage opéré sur la plaque de marbre qui distingue sa porte remplaçait le mot « Accouchements » par l'expression « Maladies des yeux ». Était-ce le visible symbole de l'affaiblissement physique qui lui valait sa mise à la réforme? C'est fort possible.

Mais revenons à nos deux visiteurs, qui, comme bien on pense, ignoraient totalement ces histoires militaires d'héroïsme, ou d'embusquage.

Par pure politesse, le fils et le père suivirent le dichotomiste dans une petite pièce attenant à son cabinet. Là, le médecin tira d'une vieille armoire quelques pancartes où étaient imprimées des lettres de grosseurs différentes. Il fit semblant d'étudier l'acuité visuelle du patient. Puis il prononça : « Vous avez de l'astigmatisme. Je vais vous donner une formule de verres de lunettes ».

Il rédigea en effet une ordonnance où figuraient deux choses : d'abord, la formule annoncée, puis une indication de gouttes de voix vomique, qu'il fallait prendre régulièrement.

Voilà tout ce que le père et le fils reçurent et emportèrent, en fait d'écrit, de chez le Dr Scapin.

Et le père ne posa point la question sacramentelle : « Docteur, dites-moi toute la vérité ». Il comptait sur le Dr Bruth pour en être instruit, et ne prenait pas au sérieux le Dr Scapin.

Or, ce dernier venait d'orienter invinciblement son fils vers la mort. La consultation qu'il avait donnée était non pas médicale, mais dichotomique.

Ce fut l'aiguillage décisif, et fatal.

VIII

LA CONSULTATION DU GRAND CHIRURGIEN

Nous voici au lendemain de la visite au Dr Scapin. Nous sommes au mardi 27 juillet, jour de consultation du grand chirurgien, le Dr Bruth. La veille, le rabatteur lui avait annoncé par téléphone la visite du père et du fils.

Ce coup de téléphone, parfaitement inutile, aurait dû donner l'alarme au père, et lui faire soupçonner l'intrigue dichotomique. Mais à cette heure il n'avait pas encore lu ce roman inégal, mais puissant, *Le Mal Nécessaire,* où André Couvreur révèle quelques-unes des ruses des médecins perfides.

Il était sans défiance. Il savait gré au Dr Bruth d'avoir recueilli dans sa salle militaire d'hôpital son fils aîné blessé de guerre et prisonnier, qui, à l'armistice, était rentré en France avec une plaie mal cicatrisée qui suppurait encore.

Ce père, dupe des apparences, ne comprenait pas que, cette faveur, le grand chirurgien l'avait accordée non pas au soldat, mais au Dr Horsch, qui le lui avait adressé, et qui était un de ses correspondants, sinon un de ses rabatteurs. Le naïf professeur de littérature attribuait ce bienfait intéressé du Dr Bruth à un sentiment de patriotisme (le docteur était né en Alsace) et de pitié humaine. Il allait même jusqu'à se figurer que l'agrégé de Médecine se sentait quelque peu collègue de l'agrégé des Lettres.

La seule explication qui était raisonnable ne vint même pas effleurer son esprit. Il n'eut pas le soupçon que cet acte facile et banal de bienveillance faisait partie de la réclame dichotomique, et n'était qu'un piège tendu, à tout hasard, par l'opérateur, aux dupes éventuelles, aux futures victimes.

* * *

Ce fut le souvenir, ou plutôt l'illusion de ce service et de ce bienfait qui le décida à conduire son fils cadet chez un chirurgien *non spécialisé en urologie.* Je ne dis pas : *en tuberculose*, puisque le Dr Scapin s'était soigneusement gardé de lui révéler, sur ce point, la vérité.

Sans cette réticence criminelle du Dr Scapin, et sans l'illusion sentimentale que nous venons de rappeler, le père se serait adressé à un médecin spécialiste qui aurait pu être honnête, et indiquer au normalien le traitement rationnel et efficace.

Et le jeune homme était sauvé.

Il est une heure de l'après-midi : c'est le moment d'aller chez le Dr Bruth.

En partie par le métropolitain, en partie à pied (notez ce trait chez un jeune homme qui, le surlendemain, *sera castré*), le père et le fils partent du XXe arrondissement, et n'ont pas de peine à trouver, donnant sur le jardin du Luxembourg, la maison somptueuse et distinguée où demeure le grand chirurgien.

Ils montent le large escalier de marbre blanc, osant à peine appuyer leurs pieds sur le tapis de laine rouge, à l'éclat frais et neuf, qui monte de marche en marche, jusqu'à la porte du docteur, au premier étage.

C'est là. Le père presse le bouton de la sonnerie. La porte s'ouvre sur un riche vestibule, où se distingue un ample cadran doré qui bientôt sonnera l'heure avec des notes chantantes d'horloge de château du XVIIIe siècle.

Tout près de cette horloge presque monumentale se trouve une installation téléphonique.

Un valet en livrée, haut, droit, solennel, leur ouvre la porte du salon d'attente.

Luxe neuf, trop neuf. Des sièges de formes variées,

et de styles divers ; des fauteuils profonds où l'on enfonce, où l'on se perd. Tapis cachant le parquet. Tapis sur la table du milieu. Cheminée surmontée d'une immense glace au cadre doré et surchargé de sculptures. Un peu partout, des tableaux pendus aux murs, des bustes de marbre frais et blanc sur des meubles ou des consoles ; des fleurs naturelles qui ont l'air d'avoir été apportées par le fleuriste il n'y a qu'un instant. Les pots et la terre sont soigneusement dissimulés sous des étoffes d'une distinction recherchée.

Sur un petit meuble bas, la collection de l'*Illustration* et de la *Revue Hebdomadaire*.

Par la large fenêtre ornée d'un double rideau-vitrage d'une blancheur et d'une délicatesse irréprochables, on entrevoit les arbres du Luxembourg, et l'on croit sentir la fraîcheur de leurs ombrages.

Pas une lacune, pas un défaut dans tout ce luxe. C'est parfait, trop parfait, trop soigné. Cela semble avoir été posé la veille ou le matin même, à titre de réclame, par un tapissier à la mode.

Quelques personnes attendent : des dames vêtues avec recherche, et un couple de petits bourgeois, visiblement intimidé par ce somptueux décor.

Et le père, un peu scandalisé, se disait que c'était une concession du grand chirurgien à la clientèle mondaine et riche. Ses soupçons, à cette date-là, n'allaient pas plus loin.

Il ne se demandait pas si le chiffre d'affaires de l'opérateur était capable de supporter cette charge, et si ce décor réclamier ne constituait pas un sacrifice onéreux, imparfaitement couvert par la clientèle et les honoraires qu'il était destiné à attirer.

En outre, le Maître avait son automobile à lui, ample, confortable, somptueuse, imposante, et un chauffeur d'une tenue impeccable.

Quant à ses vacances, le Dr Bruth les passait partie à Cabourg, partie dans une résidence d'été, en province, vers le Midi.

Ce n'est que plus tard — trop tard ! — que le père eut connaissance de ce qui se dit dans le monde où fréquente le grand chirurgien :

« Le Dr Bruth *a des besoins d'argent* ».

En attendant, l'effet voulu était produit.

Le décor au milieu duquel le Maître recevait ses visiteurs venait de faire deux dupes de plus.

Et de ces deux dupes, l'une mourra bientôt, non pas de maladie, mais du bistouri du Maître.

Le Maître *est un assassin*.

***

Avec une certaine brusquerie d'homme qui veut se donner l'air affairé, le Dr Bruth ouvre la porte de son cabinet de consultation.

Il regarde le père et le fils, dont le tour est arrivé. Ceux-ci se lèvent, et, sur un signe du docteur, entrent dans la pièce.

Le docteur se tient sur la réserve, compassé, hautain, et d'une politesse mesurée, dosée, distante.

Il va vers la soixantaine ; porte moustache et barbiche ; cheveux gris et rares ; il ne perd pas un pouce de sa taille, qui est petite, et se tient bien droit, presque raide, dans son complet veston noir, où se distingue, au revers de gauche, une discrète rosette d'officier de la Légion d'Honneur. Il a le regard direct et assuré. L'expression de son visage régulier, aux traits un peu fatigués, c'est la volonté, l'énergie, et même une certaine aggressivité. C'est un homme de lutte et de combat ; il est clair qu'il s'est hissé à une situation qui le dépasse, et qu'il s'y maintient non sans artifice.

Il est de ces chirurgiens dont un vieux parisien me disait plus tard : « Une fois entré dans leur cabinet, *on est perdu* ».

Oui, l'on est perdu, à moins d'être défiant par nature, par sagesse, ou par expérience.

Étourdiment, le père rappela au Maître que récemment il avait hospitalisé et soigné son fils aîné, soldat blessé et fait prisonnier, à son retour d'Allemagne. Puis il ajouta : « Voici maintenant mon fils cadet. Nous vous sommes envoyés par le Dr Scapin, que nous avons vu hier, et qui vous a téléphoné ».

Le Maître ne sourcilla pas, et ne desserra pas les lèvres. Le père lut plus tard, dans le roman médical d'André Couvreur, *Un Mal Nécessaire*, que cette affectation d'ignorer le rabatteur était de règle dans la pratique de la dichotomie.

***

Le père venait de commettre une faute grave : il ne s'était pas mis sur la défensive. Or, toute consultation chirurgicale, lorsque l'intérêt dichotomique est à la base, est un duel.

Le chirurgien vit bien qu'il était vainqueur avant même d'avoir combattu.

Il mena l'affaire vivement, avec une sûreté, une précision, et une brutalité qui prouvent chez lui une longue expérience de la pratique dichotomique, et la volonté de tirer de la victime le maximum de profit.

— Étendez-vous sur cette chaise-longue, dit-il au jeune homme, et déboutonnez votre pantalon... C'est bien.

Il regarda et palpa le testicule droit, très rapidement.

— Maintenant, retournez-vous.

Il prit un gant de caoutchouc, le mit à sa main droite, et fit semblant de pratiquer l'exploration anale, qui permet de juger, à leur grosseur et à leur consistance, si les deux vésicules séminales et la prostate, qui sont placées immédiatement sous la vessie, sont gravement atteintes par la tuberculose.

Ce geste, parfaitement inutile dans le cas dont il s'agit, faisait partie du rituel dichotomique. Il avait pour but de frapper gravement l'imagination du fils et du père, et de les préparer à accepter la conclusion extrêmement sévère vers laquelle les acheminait le Maître, fort d'une longue pratique du crime.

Après quelques instants d'un silence pesant, le parfait acteur commença par cette remarque, faite d'une voix forte, et qui n'admettait pas de réplique : « Vous avez de la chance : je ne pars pour Cabourg que dans trois jours. *Je pourrai vous opérer* ».

Un chirurgien qui n'a cependant point la réputation d'être particulièrement sensible a écrit qu'un médecin qui donne une consultation doit s'abstenir soigneusement de toute parole capable de terroriser son malade. C'est une vérité élémentaire, et un axiome de sens commun.

Mais la dichotomie a nécessairement de tout autres maximes.

Le Dr Espé de Metz (Saint-Paul) dans son drame philosophique *le Couteau*, les résume ainsi : « Vous saurez inspirer aux patients la terreur qui, sans raison, les jettera, livides, sur votre table d'opération ».

C'est ce que fit avec une éclatante maîtrise, le Dr Bruth.

— Vous avez attendu trop longtemps, prononça-t-il en se tournant vers le patient. Maintenant, une opération est devenue nécessaire. Il faut que j'enlève le testicule malade.

Et, comme le père et le fils demeuraient stupéfaits, et hésitaient visiblement à accorder leur acquiescement, le forban osa proférer ce mensonge paradoxal :

— Si je n'enlève pas le testicule, *le rein peut se contaminer*. Alors, *je ne réponds plus de rien du tout.*

Très ému, le père plaida de son mieux en faveur de son fils. Il invoqua sa fatigue, son surmenage, ses examens récents, son besoin de repos.

Mais le chirurgien ne l'écoutait pas : il le savait, il le sentait vaincu.

Pour toute réponse aux prières désespérées du père, le forban diplômé, le tueur, jeta ces paroles au fils : « Ah ! laissez-moi maintenant de côté Homère, Hérodote, Platon ! Abandonnez tous vos livres, et ne songez qu'à vous guérir. Vous avez beaucoup trop attendu. »

Puis lisant sur les traits du père et du fils la stupéfaction et l'épouvante, et jugeant que ses criminels mensonges avaient produit, chez ces hommes confiants et aisément abusés, l'effet nécessaire et la terreur qu'escomptait sa longue expérience de tendeur de piège dichotomique, il ajouta à voix basse, nonchalante, et désintéressée, en se tournant à demi vers l'adolescent désespéré : « Maintenant, vous pouvez vous rhabiller. »

***

Pendant que le jeune homme, muet de stupeur et d'effroi, se relevait de la chaise longue, et remettait machinalement son pantalon, le dichotomiste entraîna le père dans le vestibule où se trouvait l'appareil téléphonique.

Une fois seul avec lui, il éclata, ou plutôt, il fit semblant d'éclater, de révéler une grande vérité, et de s'en décharger, comme si elle pesait d'un poids trop lourd sur sa conscience de forban diplômé.

— Vous ne voyez pas qu'il s'agit d'une phtisie galopante, *foudroyante!*

Il appuya sur le mot « *foudroyante* ».

Et, après un temps :

— Si je n'interviens pas, l'enfant est perdu. Vous n'avez donc pas remarqué la maigreur de sa tête, de son cou?...

***

Le mot était enfin prononcé : *phtisie.*

Phtisie! Le père était stupéfait. C'était la première fois qu'on lui disait que son fils était atteint de tuberculose. Le médecin de la famille, le Dr Horsch, ne lui en avait jamais soufflé mot.

Quant au rabatteur, le Dr Scapin, on se souvient de l'habileté machiavélique avec laquelle il avait conduit sa pseudo-consultation, sa consultation frustratoire

Après avoir tâté l'état d'esprit du père, et constaté qu'il ne savait absolument rien sur la situation de son fils au point de vue médical, il s'était empressé de rompre les chiens, et il avait couronné sa manœuvre par un semblant d'examen ophtalmologique, et par une ordonnance de verres de lunettes, et de noix vomique.

De la tuberculose, il s'était bien gardé de dire un seul mot. Le soin de faire cette révélation, il le réservait au maître du bistouri, au Dr Bruth. Il fallait que cette révélation fût soudaine, écrasante.

Il fallait aussi qu'il en fût fait mystère au fils, afin que le père fût, dans une certaine mesure, complice du crime qui se préparait selon toutes les règles de l'art.

***

Le Dr Bruth attendait debout, entre le père, d'un côté, l'appareil téléphonique, de l'autre. Il observait l'adversaire.

— Mais, Docteur, objecta le père, je croyais que la tuberculose était une infection générale, et qu'une opération locale ne pouvait pas la supprimer.

Le malheureux ne releva point l'expression « *foudroyante* » appliquée à cette forme de la tuberculose. Il devait ignorer, pendant plus de six mois encore, que c'était le plus grossier, le plus cynique des mensonges.

Le Dr Tuffière-Bruth ne prit même pas la peine de répondre à cette objection. Il fit seulement un geste de tête énergique et négatif.

C'était le commentaire de son mot : phtisie *foudroyante* ». Cette expression disait tout. Il n'y avait pas un mot à ajouter .« Phtisie *foudroyante* », cela justifiait l'opération la plus extrême, la plus désespérée ! Que ne fait-on pas, quand on se trouve en face d'une phtisie *foudroyante !*

Cependant le père tenta, une dernière fois, de se ressaisir, d'obtenir de celui qu'il regardait comme un bienfaiteur, mais qui n'était qu'un maître-chanteur, la grâce de son fils : « La convalescence sera-t-elle longue? Y aura-t-il danger de récidive? »

— C'est l'affaire de dix ou quinze jours de lit en tout. Pas de récidive.

***

« Pas de récidive ! », avait dit cet homme.

Et plus tard, le père, lorsqu'il étudiera la littérature médicale de ce sujet, lira dans tous les livres les plus autorisés exactement le contraire :

« La récidive est de règle après la castration », écrit le Dr Legneu (*Traité Chirurgical d'Urologie*, 1921, Tome I, page 883).

Et, se plaçant à un point de vue plus général, le Dr Bertier (de Grasse) s'exprime ainsi aux pages 249 et 250 du Tome XVII du *Traité de Pathologie Médicale* d'Émile Sergent : « Extirper un foyer tuberculeux ne peut avoir un intérêt qu'à condition que l'éradication en soit complète. Comment le saura-t-on?... Bién plus, il y a toutes chances pour qu'une tuberculose évolutive reprenne son évolution..., d'autant plus que le shock dû à l'anesthésie et à l'acte opératoire aura toujours une influence fâcheuse sur le malade ».

Mais le Dr Bruth avait prononcé « Pas de récidive ! »

Or, à cette date, le père avait toute confiance dans le chirurgien de l'hôpital Saint-Philippe, qui avait accueilli et guéri — croyait-il — son fils aîné, blessé de guerre, rejeté à la rue par les religieuses de l'hôpital Saint-Joseph après un blanchiment factice, caricature hypocrite de guérison.

***

Revenons au vestibule du grand chirurgien.

Le Maître s'approcha de l'appareil téléphonique, et demanda la supérieure des Silentines : « Préparez la salle d'opération pour jeudi matin huit heures. »

Et il ajouta à voix haute et claire (le père en fut un peu étonné) : « *C'est pour une castration* ».

Ce mot n'était évidemment pas destiné à la sœur Silentine, mais au père, pour asseoir et assurer son consentement : qu'il s'agît de castration ou d'épididymectomie, cela n'avait absolument rien à voir avec les préparatifs de la salle d'opération.

Puis, ce fut le tour de l'hôpital Saint-Philippe.

Le Dr Bruth interpella une infirmière : « Prévenez l'interne Un tel. Dites-lui d'apporter les instruments ».

Mais le père eut plus tard, à tort ou à raison, des doutes sur la réalité de cette seconde communication. Il ne se souvient pas d'avoir entendu le docteur demander d'être mis en rapport avec cette infirmière, ni d'avoir remarqué qu'il lui indiquât le lieu, le jour et l'heure. Ce dernier geste n'aurait donc été qu'une feinte : une précaution, une ruse de plus, pour agir sur l'esprit du père, et pour enchaîner sa résolution, ou plutôt son consentement, sa soumission, son abdication.

Le Dr Bruth est un psychologue accompli. Il a l'expérience.

***

Voilà comment fut décidée, disons mieux, fut imposée par la ruse, le mensonge et la terreur (la douceur affectée et le scepticisme du Dr Scapin n'étaient qu'un jeu perfide) cette opération grave entre toutes, surtout pour un jeune homme en pleine évolution de puberté, la castration : opération qui, en réalité, ne se pratique plus dans la chirurgie honnête.

En 1898, André Couvreur avait déjà, dans son roman médical où la partie d'observation personnelle est si forte, le *Mal Nécessaire*, présenté une scène du même genre. Et il terminait son vigoureux tableau par cette conclusion : « Il (le chirurgien Caresco) avait été si « affirmatif, si convaincant, si chaleureusement persuasif « que le père et le fils, sans réfléchir à la gravité de la « résolution, sans réclamer un autre avis autorisé, avaient « décidé... que l'opération aurait lieu le surlendemain ».

Mais le père du jeune homme condamné à la castration par les Drs Scapin et Bruth n'avait pas encore lu le *Mal Nécessaire* d'André Couvreur.

Il ne connaissait la dichotomie que de nom.

Jamais il n'aurait pu s'imaginer, tant il était confiant et naïf, que le Dr Bruth, agrégé de médecine, chirurgien des hôpitaux, en ferait la criminelle application à son fils, au lendemain du succès remporté par lui à l'École Normale Supérieure. Car ce succès proclamait son labeur et son mérite.

D'autre part, le malheureux professeur ignorait absolument tout des moyens ingénieux, compliqués, et artistement combinés, auxquels les dichotomistes ont recours pour atteindre ce qui est leur unique but : faire de l'argent, multiplier les opérations, tirer au malade tout son argent, et tout son sang, par degrés, par étapes, jusqu'au bout.

IX

DISSIMULATION CRIMINELLE ET MORTELLE

Il y a plus.

Ici nous touchons déjà à la moralité terrible du drame qui se noue si rapidement, et qui mettra six mois à se dérouler matériellement, mais dont le souvenir et le remords dureront pour le père autant que sa vie.

Ainsi que nous l'avons vu plus haut, le dichotomiste Bruth avait fait du père, du moins pour partie, son complice. Il lui avait dévoilé, comme un secret terrible, qu'il s'agissait de tuberculose : de tuberculose prétendue *foudroyante.* Mais à ce grand jeune homme, bachelier, licencié, élève reçu premier de l'École Normale Supérieure, évidemment capable de réflexion, de résolution, de sagesse et de courage, il cachait cette vérité qui n'avait absolument rien de terrible. Tout le monde sait qu'on peut généralement se rendre maître de la tuberculose, et qu'une orchite si bénigne est la forme la plus aisément curable de cette maladie.

Cette manœuvre, que le père ne sut pas deviner et déjouer à temps, avait, au point de vue dichotomique, un double avantage, une double raison d'être.

D'abord, elle imprimait dans le cerveau du père une plus forte idée de la gravité du cas. Par là même, elle contribuait puissamment à le faire consentir à la castration.

D'autre part, elle rendait impossible, entre le père et le fils, toute discussion franche et approfondie non seulement sur la nature du mal, mais encore sur le traitement que ce mal comportait. Elle privait ce traitement de la très utile collaboration intellectuelle de ce jeune homme à l'esprit profond, méthodique et sûr.

Que de fois, par la faute de ce secret qu'aucun motif raisonnable ne justifiait, et qui avait été imposé par l'opérateur, le père dut répondre évasivement, incomplètement aux questions de l'opéré !

***

La puissance néfaste de ce mensonge ne fut pas longtemps sans faire sentir son effet.

Lorsque l'entretien confidentiel entre le Dr Bruth et le père fut terminé, quand le dichotomiste eut, pour sceller l'engagement, téléphoné à la supérieure des Silentines, et aussi (du moins en apparence) à son infirmière de l'hôpital Saint-Philippe, le chirurgien coupable et le père, son complice inconscient, rentrèrent dans le cabinet de consultation où le patient les attendait depuis plusieurs minutes.

Pendant ce temps, l'esprit du jeune normalien avait travaillé.

Non pas sur l'acceptation de l'opération : sur ce point son courage, trompé par l'affirmation mensongère du danger mortel de la contamination du rein, n'hésitait pas. Il était plus que consentant : il était résolu.

Mais sur ses suites immédiates : pourrait-il, aussitôt après la castration, pendant ces vacances qu'il ne croyait que légèrement retardées (tant il avait confiance, lui aussi, dans le grand chirurgien qui avait soigné son frère aîné), pourrait-il faire, en compagnie de son père et de son frère, des excursions en bicyclette?

Telle fut la question qu'il adressa au Dr Bruth dès que ce dernier se trouva de nouveau présent devant lui.

Le dichotomiste ne s'y attendait pas du tout. Il fut assez décontenancé.

Il y avait, entre l'état d'esprit du jeune homme et le sien une différence essentielle : le jeune homme voyait l'avenir tel que le docteur le lui avait montré : opération, puis guérison. Mais le dichotomiste le voyait tel qu'il serait en réalité : cachexie, suivie de mort.

Avec un visible embarras, le Dr Bruth répondit que,

au cours des dites vacances, mieux vaudrait s'abstenir totalement de faire de la bicyclette.

— Au moins pourrai-je marcher, faire des promenades?

— Peu, très peu, balbutia l'homme : cela, pour commencer, vaudra mieux.

Le père fut profondément remué par ce dialogue imprévu.

Mais il ne posa point les questions qui eussent pu faire la lumière et sauver son fils.

Sa langue était enchaînée parce *qu'il avait consenti au mensonge fondamental* du perfide docteur : il avait accepté que ce dernier cachât à son fils, majeur par l'intelligence, la nature de son mal : la tuberculose.

Il était devenu l'esclave de ce mensonge, et de l'auteur de ce mensonge.

Le châtiment, qui bientôt serait atroce, commençait pour lui.

Pour le fils innocent, ce châtiment sera la mort.

X

L'HYPOCRISIE DU RABATTEUR

Après cette consultation, les deux hommes sortirent de chez le Dr Bruth anéantis.

Le fils ignorait la nature véritable de sa maladie, la cause de son orchite.

Le père connaissait cette cause, la tuberculose, puisqu'il avait acquiescé à la dissimulation du chirurgien dichotomiste, et reçu sa confidence secrète : complicité dont il ne comprenait pas alors le danger terrible.

Mais il ne savait à peu près rien sur la maladie elle-même.

Tous deux, père et fils, tombèrent d'accord sur la nécessité d'aller revoir le Dr Scapin, dont ils ne soupçonnaient pas encore le rôle infâme de tendeur de piège, de voleur d'argent, de santé, et de vie, de *rabatteur*.

Cet habile homme n'avait parlé que d'une opération relativement bénigne et légère : l'épididymectomie, ou excision de l'épididyme.

Il s'était d'ailleurs bien gardé de donner des précisions, et de dire que l'épididyme n'est qu'un lieu de passage des cellules mâles, ou spermatozoïdes, et ne secrète point, comme les cellules interstitielles du testicule, des produits, des *hormones*, qui sont encore inconnus, mais qui jouent un rôle essentiel dans la santé générale d'un adolescent qui entre dans la puberté.

Le Dr Scapin avait eu bien soin de dire que cette épididymectomie ne serait très probablement pas nécessaire.

Pour ce qui est de la castration, il n'avait risqué ni le mot, ni même l'idée, pas même sous forme d'hypothèse.

***

En sortant de chez le Dr Bruth, le père et le fils

traversèrent le jardin du Luxembourg pour aller à la station de l'Odéon, reprendre le métropolitain.

Alors qu'ils passaient tous deux près de la librairie médicale Maloine, l'idée de s'y arrêter, et de consulter quelque livre ou quelque dictionnaire se présenta à l'esprit du père. Mais il l'écarta sans hésiter. Il la jugea superflue, et, en outre, injurieuse et injuste à l'égard du grand chirurgien.

Donc, tous deux ensemble continuèrent leur chemin. Une demi-heure après, ils sonnèrent chez le Dr Scapin. On leur dit qu'il était absent.

Ils revinrent le lendemain, mercredi 28 juillet, à deux heures. N'oublions pas qu'à cinq heures, le patient devait entrer à la maison des Silentines, pour y subir, le lendemain jeudi, à huit heures du matin, la castration (du côté droit).

Cette fois-ci, le Dr Scapin les reçut.

Il écouta distraitement le récit de ce qui s'était passé chez le Dr Bruth, qui, sans aucun doute, l'avait déjà mis au courant par téléphone.

Puis il dit, l'air grave et solennel, pesant ses mots, articulant lentement et doucement : « Le Dr Bruth est une haute conscience : on peut s'en rapporter à ce qu'il dit. »

Puis il crut devoir, par décence ou par prudence, ajouter quelques paroles de consolation.

On peut fort bien, affirme-t-il, vivre avec un seul testicule. L'opération ne serait qu'un temps d'épreuve, bientôt passé. Après quoi le jeune homme pourra jouir du bonheur que son travail lui avait si bien mérité, et se consacrer à de belles études littéraires. Il a devant lui le plus riant avenir. Comme il sera heureux ! Et comme il le mérite bien !

En parlant ainsi, le médecin homicide poussait doucement, vers la sortie, le père et le fils.

Et puis l'homme ferma la porte sur eux deux.

L'impudent gredin se disait sans doute que le Dr Bruth avait fort bien fait les choses.

***

Lequel, de ces deux forbans à diplôme, est le plus coupable?

Tous deux ont commis un crime qui est pour eux sans péril, alors que l'assassin qui vous attend la nuit, au coin d'une rue isolée et solitaire, et vous assaille soudainement, risque de recevoir une parade dangereuse.

Mais, le Dr Scapin et le Dr Bruth, que risquaient-ils en tuant ce jeune normalien?

S'ils ont procès, le syndicat médical les défendra coûte que coûte, et malgré tout.

Ils « opèrent » à coup sûr.

XI

VOYONS UN AUTRE MÉDECIN

Cette entrevue avec le Dr Scapin avait été si négative, si décevante, que le père eut un réveil de bon sens.

Comme ils passaient tous deux après leur brève visite au Dr Scapin, auprès de la station du métropolitain, place Gambetta, le père eut l'idée d'aller demander une consultation au Dr Lezinski, qui demeure non loin de la place de la République.

Le Dr Lezinski est un spécialiste des maladies des voies urinaires. Il lui dirait certainement la vérité. Les deux hommes, le médecin et le professeur, se connaissaient un peu, s'étant rencontrés dans certains groupements politiques.

Le père fit part à son fils de cette intention. Il dit ses raisons, qui étaient des raisons de bon sens et de prudence générale, dépourvues de toute défiance à l'égard du Dr Bruth. Quant au Dr Scapin le père ne soupçonnait pas l'infamie de son rôle, mais il n'était guère porté à prendre au sérieux cet homme frivole, qui, l'avant-veille, après l'ordonnance des verres de lunettes, avait remis au jeune normalien son dernier livre, enrichi d'une dédicace, et avait ajouté en souriant : « Ne dites pas que j'écris des livres : mes clients ne me prendraient plus au sérieux. »

***

Irait-on chez le Dr Lezinski? Le fils refusa. Le père insista.

On était à deux pas de l'escalier du métropolitain. Doucement, affectueusement, il prit son fils par le bras pour l'entraîner.

Le jeune homme ne voulut absolument pas.

Pensait-il à l'argument mensonger que le Dr Bruth lui avait délibérément enfoncé dans le cerveau : « Il est bien tard. Le rein risque d'être contaminé. Si cette contamination a lieu, je ne réponds plus de rien »? C'est probable.

C'est même certain : c'est cet argument-là que, la veille au soir, il avait opposé à sa mère, qui — le père le sut plus tard — avait essayé d'élever quelques objections contre l'opération décidée pour le surlendemain.

* * *

Ce jeune homme était réfléchi et courageux. Il avait, ainsi que son père, une confiance absolue dans l'homme qui avait soigné son frère aîné. Aussi sa résolution était-elle prise : il s'en remettait au grand chirurgien. Céder aux prières paternelles eût été, à ses yeux, un acte de faiblesse.

Il résista avec douceur, mais aussi avec fermeté, au geste paternel. Et le père eut le grave tort de céder à cette résistance. Il ne se pardonnera jamais d'avoir ainsi laissé échapper cette dernière chance de salut.

Plus tard, il apprit que le Dr Lezinski appréciait le Dr Bruth à sa juste valeur, et le tenait en très petite estime : il savait qu'il avait des besoins d'argent, et qu'il multipliait les opérations inutiles et criminelles.

La castration sera donc faite le lendemain matin, le jeudi 29 juillet à huit heures.

APRÈS LA CASTRATION

XII

DE LA CASTRATION A LA MORT

« Ce sera l'affaire de dix ou quinze jours de lit : ce « sera tout », avait affirmé au père, deux jours avant la castration, le Dr Bruth.

En fait, le jeune homme, castré le 29, ne put quitter la maison de santé que vingt-et-un-jours après, le 19 août, pour regagner péniblement son séjour habituel de vacances, à Hautlieu, dans le Loir-et-Cher.

Il était fort mal en point. Il fallut le hisser dans son taximètre, le hisser dans son compartiment de chemin de fer (il prit des premières pour la première fois de sa vie), l'y appuyer, à demi couché, sur un oreiller.

A l'arrivée, une voiture avait été commandée, et l'attendait, afin de lui faire franchir les deux ou trois cents mètres qui séparent la gare de l'habitation familiale.

Ce n'était pas un convalescent. Ce n'était pas même un opéré, mais un blessé. Et un blessé à mort.

***

Nous le suivrons jusqu'à sa mort, qui arriva six mois et cinq jours après la castration.

Nous ne nous attarderons pas à ses mille souffrances, ni à ses infinies misères.

Nous nous en tiendrons aux principales étapes de la cruelle déchéance que lui infligea l'opération dichotomique. Nous marquerons brièvement, sobrement, chacun de ses pas vers la mort.

Ces principales étapes seront : le séjour à la maison de santé des Sœurs Silentines à partir de la castration ; les bains de soleil de septembre et d'octobre dans un village du Loir-et-Cher ; l'apparition d'un double abcès juste sur le sommet de la cicatrice opératoire ; l'excision de ce double abcès par le même Dr Bruth, le 23 octobre, trente-trois jours après son apparition ; l'application des rayons X au patient, huit jours exactement après cette seconde et grave opération ; son transport à Cannes, le 14 novembre, son triste séjour à la villa des Pommes d'Or ; le grave œdème, ou éléphantiasis, de la jambe droite, du côté de la double opération : œdème qu'il accuse dès le 21 novembre, six jours après son arrivée à Cannes ; la préparation, par le Dr Bruth, d'une troisième opération, qui fut évitée, et qui d'ailleurs était devenue matériellement impossible (le malheureux serait mort sur la table même), puis la déchéance absolue, et la mort : une mort dont la navrante horreur dépasse tout ce que l'imagination est capable de se représenter.

Et, à travers toutes ces étapes de douleur et d'abaissement, nous verrons le chirurgien dichotomique — quant au rabatteur il fait le mort, très prudemment — suivre obstinément sa victime, et se cramponner à elle, avec la double préoccupation de dissimuler son crime et les suites de son crime, et de tirer d'une situation de plus en plus aggravée le maximum de profits qu'elle comporte.

C'était cette dernière ambition qui dominait visiblement son âme mercantile : l'intérêt était plus fort chez lui que la prudence.

XIII

DANS LA MAISON DES SILENTINES

Ne nous attardons pas à la maison de santé des Sœurs Silentines, où le jeune homme demeura depuis la castration du 29 juillet jusqu'à son départ pour Hautlieu (Loir-et-Cher), le 19 août.

Une seule chose, désormais, importait : les bains de soleil. Or, il n'en prit pas un seul dans cette maison, ce qui reculait sa saison d'héliothérapie jusqu'en septembre et octobre.

Nous ne dirons rien des Sœurs Silentines.

L'écrivain André Couvreur, dans son roman médical, *Un mal Nécessaire*, reproche aux religieuses en général d'user trop volontiers des stupéfiants avec leurs malades, afin d'en obtenir le silence et la paix. Je suis persuadé qu'il a raison.

Mais il est juste d'ajouter que, chez les Silentines, la régularité et la ponctualité du service et des soins médicaux ne laissent rien à désirer. Ce sont choses que nous ne retrouverons pas à Cannes, dans la maison de santé des Pommes d'Or.

Toutefois, cette ponctualité et cette régularité ont la froide correction d'un mouvement d'horlogerie bien réglé. On soigne les malades en vue d'autre chose que l'intérêt des malades eux-mêmes. Le cœur n'y est pas. Il est ailleurs : dans les illusions du mysticisme, ou dans les calculs de l'intérêt.

Je n'ose faire à ces femmes grief de couvrir de leur approbation, ou tout au moins de leur silence, les fautes que peuvent commettre les médecins et surtout les chirurgiens : c'est conforme à la règle. L'héroïsme n'est pas une qualité qui court les rues. Je ne l'ai rencontré nulle part dans la gent médicale ou infirmière au cours de ce drame de mort.

***

Le lendemain de l'opération, le Dr Bruth, passa devant la chambre du castré sans prendre la peine d'entrer : il ne savait pas que le père était là. C'était un vendredi. Mais on le mit au courant. Le samedi et le dimanche, il entra, prononça gravement quelques banalités, et engagea le père à s'en rapporter à son remplaçant, le Dr Gastrazzi, un tout jeune médecin. Quant à lui, il allait prendre ses vacances à Cabourg, pendant la saison, ensuite dans le Limousin. On se rappelle ce qu'il avait eu l'audace de dire au début de sa première et unique consultation : « Vous avez de la chance de venir aujourd'hui : je pars dans trois jours ».

Il ajouta ce dimanche-là : « Tous les jours la supérieure m'écrira pour me tenir au courant de la santé de votre fils ». Mais cela, c'était un mensonge absolu.

Quant à l'opéré, la castration, l'avait, du coup, métamorphosé.

Maintenant, c'est un pauvre être chez qui la déchéance physique a commencé, et fait de rapides progrès.

Le lendemain de l'opération, il somnole, et souffre confusément dans tout son corps. Le surlendemain, le père, arrivant de bon matin, le surprend avec un linge humide sur le front : « Cette nuit, lui dit la garde-malade, il a eu un cauchemar. Ne vous inquiétez pas : c'est normal. »

Sur ses notes de santé quotidiennes, que son père prend après chaque visite, nous relevons des indications déjà très inquiétantes.

Il se plaint surtout du rein gauche, puis du testicule gauche, le seul qui lui reste : « Me voilà pris, dit-il, comme il y a un an, à gauche. »

Les urines sont rouges. Le castré éprouve de la douleur dans la jambe gauche, dans le bras gauche (côté opposé à la castration), dans le ventre.

Il est étonnamment faible, cloué au lit, incapable de se mouvoir.

Il a de mauvaises nuits, de mauvais rêves.

Mais voici qui est plus alarmant : quinze jours après la castration, une poche à pus crève vers le milieu de la cicatrice. Celle-ci tarde à se fermer : « La cicatrice ne va pas vite », remarque la sœur qui le soigne. Il sort de la fistule un pus abondant ; une odeur fade, mais pénétrante, remplit la chambre.

***

Inquiet de tous ces symptômes que les promesses fanfaronnes et intéressées du dichotomiste ne lui avaient point fait prévoir, le père se décide à aller, consulter, pour le compte de l'opéré, un spécialiste des voies urinaires. C'était le Dr Brouties, que le rabatteur, le Dr Scapin, lui avait indiqué huit jours après l'opération, alors qu'il n'était plus temps, que le coup de bistouri fatal était porté, et que la blessure mortelle était faite.

Le Dr Brouties, en apprenant qu'il y a eu castration, manifeste naïvement — il est tout jeune — franchement, sa stupéfaction. Lui n'opère jamais, et guérit ses malades. Dans les cas graves, il se contente de les envoyer à Berck-sur-mer, où jamais l'on ne castre, et où, généralement, l'on guérit.

Certes, le père est encore plein de confiance dans le Dr Bruth. Entre le jeune spécialiste habitant un quartier périphérique, et, d'autre part, le médecin agrégé, le chirurgien de l'hôpital Saint-Philippe, l'expert près le Tribunal de la Seine, il n'hésite pas.

Cependant, il demande au jeune docteur de venir visiter son fils à la maison des Sœurs Silentines. Mais cette prière se heurte à un refus qu'il ne comprend pas. Car il ne connaît pas encore la *Déontologie* médicale, ses prescriptions intéressées, son corporatisme étroit, aggravé par la pratique d'un monopole fructueux, dont les possesseurs tiennent à tirer le plus de profit possible, et dont ils font une véritable vache à lait.

Il prie, il supplie. Mais c'est peine perdue. Le jeune médecin persiste dans son refus.

Le père insiste. Il n'a pas encore lu cette phrase

inhumaine de la *Déontologie* Martin (page 32) : « Vous « ne devez accepter à aucun prix de donner votre « avis sans que le médecin traitant ait été convoqué en « consultation avec vous ». Il ignore ce singulier aveu, qu'on trouve dans la *Déontologie* Verger (page 164) : « Il peut même arriver qu'elles (les règles de la *Déonto-* « *logie*) leur apparaissent (à ceux qui ne sont pas méde- « cins) odieuses et intolérables, en ce qui concerne par « exemple les changements de médecin ».

En effet, un malade ne peut changer de médecin sans le consentement du docteur qui le soigne. C'est la règle.

***

Vaincu sur ce point par un corporatisme criminel qui place l'intérêt professionnel bien au-dessus de l'intérêt public, le père essaie d'obtenir pour son fils, de la maison des Sœurs Silentines, l'autorisation de prendre dès maintenant des bains de soleil.

En réalité, c'était ce qu'il y avait de plus facile, dans cette riche maison si bien pourvue de tout.

L'établissement des Silentines est vaste et commode. Il y a plusieurs cours, un jardin fleuriste ample et magnifique, et un très grand verger.

Il suffisait de se rendre dans ce jardin même, avant midi (les visiteurs et convalescents y son admis à partir d'une heure), et de poser un paravent du côté des bâtiments, vers l'Est. Du côté du Nord et de l'Ouest, on est abrité des regards par de hautes murailles. Et le jardin s'ouvre au Sud sur le profond verger, dont on ne voit pas les limites du côté du soleil.

Quant au verger, on pouvait s'y livrer à l'héliothérapie durant tout le jour. Il présente, parmi ses pommiers, ses poiriers, ses pruniers, de larges espaces gazonnés autour desquels les arbres forment un rideau naturel.

Pendant la guerre, la maison des Silentines, transformée partiellement en ambulance pour officiers, activait, par l'héliothérapie, la cicatrisation de leurs blessures.

C'est ce qu'une sœur assez naïve apprit au père de cette façon : « A un moment, dit-elle, j'eus ici un officier « blessé qui était mon cousin. Lorsque sa plaie fut « assainie, le Docteur lui ordonna des bains de soleil : « chacun de ces bains ne devait durer que quelques « minutes. Mais mon cousin avait un tel désir de retour- « ner au front et de recommencer à se battre « contre le « Boche », qu'il dépassa la limite, et commit, à très « bonne intention, l'imprudence de prendre des bains « plus longs qu'il ne fallait. Il se figurait que, par ce « moyen, il guérirait plus vite. Mais il se trompait. « Au lieu de se fermer, la plaie s'aviva, et il lui fallut « rester ici plus longtemps qu'il n'aurait dû le faire, « s'il avait suivi les prescriptions du médecin. »

Mais on n'était plus au temps de la guerre, et le malade n'était plus un officier.

On déclara au père que, la maison des Silentines n'étant plus une ambulance, on n'y pouvait plus donner de bains de soleil.

Il n'y avait qu'à s'incliner, ou qu'à partir.

C'est ce dernier parti que le père préféra.

Aussitôt que son fils fut transportable, il l'emmena, en prenant les précautions les plus attentives, les plus minutieuses, pour que le voyage n'aggravât pas son état.

***

Voilà comment ce jeune homme innocent, que des soins attentifs et scientifiques auraient peut-être encore pu sauver, s'en allait, muni d'une simple ordonnance de tricalcine, vers une pauvre héliothérapie d'automne, dans le modeste village du Loir-et-Cher, où, loin de tout centre médical, il passait ses vacances.

Là, son organisme profondément blessé mûrira pour la mort, sans que personne en soit témoin.

Le crime du Dr Bruth sera environné de silence, et de solitude.

XIV

BAINS DE SOLEIL D'AUTOMNE

Pendant que le chirurgien dichotomiste prend à Cabourg ses orgueilleuses et coûteuses vacances, sa victime, le jeune castré de dix-neuf ans, vient tristement commencer sa cure à Hautlieu (Loir-et-Cher), son séjour habituel d'été, dans sa modeste maison de famille.

Avec une habileté que le père commence à soupçonner, mais contre laquelle il ne réagit pas encore, le Dr Bruth a mis son opéré au secret, l'a chambré.

Le normalien continue, de par la volonté du docteur, à ne pas savoir la nature de son mal.

Par ordre du chirurgien, on lui cache soigneusement son état tuberculeux. Il croit à une banale orchite, qui a pour cause, lointaine la grippe qu'il a eue il y a deux ans. Cette orchite grippale, la fatigue de ses examens d'entrée à l'École Normale Supérieure l'aurait réveillée et aggravée.

On ment à cet adolescent qui s'est classé le premier de sa promotion. *On ne l'associe pas à son traitement.* On se prive, ou, pour parler exactement, on le prive de la collaboration de sa très haute intelligence de sa volonté droite et ferme. On le trompe.

De quel droit?

Pourquoi?

Parce que, par ce mystère, par ce secret, le chirurgien tient le père. Il a fait de lui son complice. Il a rendu impossible toute explication franche, loyale, intégrale, entre le père et le fils. Il a fait du père un menteur contre son fils, un menteur au service de la dichotomie.

Ce n'est pas tout.

Ce chirurgien, ce dichotomiste trompe le fils sur la

nature de son mal, continue à tromper le père sur le traitement qui convient à ce même mal.

Quant le père demanda au jeune médecin, son disciple et son complice, le Dr Gastrazzi, s'il ne convenait pas de conduire l'opéré soit à Berck, soit dans un sanatorium du Midi, l'autre lui répondit : « Gardez-vous en bien ; c'est inutile. La meilleure des cures, ce sont des vacances passées au pays familial. »

Parler ainsi, c'était priver le père des avis et des conseils de médecins compétents et indépendants. Et cela, au moment critique, décisif, alors que le temps avait un prix inestimable, et que l'avenir du castré était attaché tout entier à la direction qu'on allait donner à sa cure.

***

Voilà donc la victime, déjà cachectique, du Dr Bruth, condamnée aux bains de soleil d'automne pour tout remède !

Et à des bains de soleil de la fin d'août et du mois de septembre, dans une maison de campagne modeste et toute simple, dépourvue du confort nécessaire à un malade.

A cette date de la fin d'août, dans ce climat de plateaux, les chaleurs sont passées. Le mois de septembre a souvent des pluies. Le ciel est nuageux, la température, refroidie. Le soleil n'a plus son éclat et ses ardeurs de juillet. Le soir, de bonne heure, la fraîcheur et la rosée tombent sur les jardins et les prairies. Ce n'est plus l'été ni sa chaleur généreuse, ni sa sécheresse saine et fortifiante.

Les bains de soleil, c'était bon dès le début, aussitôt après le succès du jeune homme à l'École Normale Supérieure ! Comme il se serait reposé alors avec délices, dans la chaude température du plein été, dans le calme de la campagne, et dans le bonheur de son triomphe ! On l'eût mis doucement, mais pleinement, dans le secret de sa maladie. On eût associé, et cela en temps utile, le traitement général de la tuberculose, et l'héliothérapie. On y eût ajouté, si quelque suppuration était venue à se produire, le traitement local, les injections modificatrices à base de chlorure de zinc et d'éther iodoformé. Au besoin, son père l'eût conduit à Berck, ou bien à la montagne.

Avec quelle rectitude, avec quelle méthode savante et réfléchie, le jeune normalien, informé de la nature de son mal, eût dirigé sa cure ! Et quel bonheur c'eût été, pour son père, de le suivre jour par jour, heure par heure ! Quelle passion d'orienter, de guider vers la guérison ce fils aimé, et si méritant !

Mais non : l'intérêt d'argent des deux dichotomistes ne pouvait pas s'accommoder d'une conduite si sage, si normale et si juste.

Ce qu'il leur fallait, c'était une opération immédiate, *la plus grave possible*, puisque les honoraires se calculent d'après la gravité, en raison de la gravité. C'était de plus une opération génératrice d'autres opérations ultérieures.

Voilà pourquoi ce vigoureux adolescent, ce sportif, qui consacrait auparavant, la majeure partie de ses vacances aux excursions, à la bicyclette, au travail manuel utile, se verra désormais dans l'impossibilité de monter sur sa machine, et même de faire un seul pas, sinon pour aller de sa chambre à la chaise longue de ses bains de soleil, ou de sa chambre à la salle à manger.

Le voilà réduit, par le crime de deux médecins abjects, à l'inaction, à la stagnation, et bientôt à la mort.

Son intelligence et son jugement sont demeurés intacts ; mais il n'a plus ni la force, ni même le goût de les employer à penser.

Quant à son corps, la castration l'a rendu si faible, que le moindre mouvement lui est une fatigue intolérable.

Et, de ce qu'il était hier, avant le crime des Drs Scapin et Bruth, il n'a conservé que ce qu'il faut pour ressentir pleinement d'abominables, d'humiliantes souffrances, et pour se voir décliner, baisser et mourir.

***

Il y a plus.

Ses deux bourreaux *lui ont planté dans le cœur un remords affreux.*

Jusqu'au moment où sa pensée s'éteindra dans d'atroces ténèbres, il se reprochera cruellement d'avoir *trop attendu pour se soigner.* Son triomphe d'étudiant sera l'instrument de son supplice moral.

Il se dira : « Je meurs par ma faute, pour avoir voulu être premier ».

Et que répondre à cela? Comment combattre cette erreur, et apaiser cette torture?

Lui dire la vérité? Lui dévoiler le crime des deux médecins? Lui révéler qu'il mourait non pas de tuberculose, mais de dichotomie?

C'eût été allumer, dans son cœur généreux, tout l'enfer.

XV

UN CRIME QUI VA A L'INFINI

Anxieux, et, en secret, désespérant de l'avenir, son père ne le quitte pas un seul instant. Chaque jour, il inscrit son état de santé, et sa température. Car désormais, le castré ne connaîtra plus la température normale.

Ces notes quotidiennes marquent le progrès du mal, et la vitesse, incessamment accrue, de la déchéance.

La vie du castré est désormais une souffrance perpétuelle. Il éprouve des sensations de douleur dans le testicule restant (le gauche), dans le rein droit, surtout dans le ventre, qui bientôt fera, de ses digestions, le plus angoissant des problèmes. Déjà il a besoin de prendre des laxatifs. Son urine est troublée, et chargée. L'appétit est inégal, capricieux, généralement faible. Il arrive au « blessé » de laisser passer sans manger, l'heure des repas. La fièvre, avec ses hauts et ses bas, est continue.

***

Il a une courte joie : le trente-neuvième jour après l'opération, le 7 septembre, la cicatrice cesse de suppurer, et se ferme totalement.

Il s'en réjouit. Mais pour peu de temps. Car le malaise pendant le jour, l'insomnie pendant la nuit, augmentent sensiblement à la suite de cette amélioration apparente.

Voici ce qu'en réalité présageait ce progrès trompeur.

Le 20 septembre, cinquante-deux jours après la castration, *deux grosseurs jumelles font leur apparition* à l'aîne droite, du côté où a été pratiquée la castration, et ces deux grosseurs sont placées exactement sur l'extrémité supérieure de la cicatrice opératoire.

Ainsi se justifiait le mot du Dr Calot, de Berck. Les chairs cruentées sont, pour la contagion, un terrain de choix, et le bistouri sème ici cette même tuberculose qu'il prétend enlever, exciser, là-bas.

Le Dr Bruth *avait-il prévu cette complication?*

Sa parfaite amoralité, ses besoins d'argent l'avaient-ils voulue, l'avaient-ils préparée, l'avaient-ils intentionnellement semée, plantée dans ce corps endormi qui s'était confié à sa bonne foi et à sa science?

Invinciblement, cette question se pose.

Et, pour qui veut réfléchir, le crime, dans les deux cas, est égal.

Qui a castré criminellement peut, et même, en vertu d'une abominable mais impérieuse logique, *doit contaminer criminellement.*

Il est incontestable que le bistouri dichotomique n'est pas plus coupable dans un cas que dans l'autre.

La mentalité criminelle est un abîme autour duquel rôdent tous les vertiges.

XVI

UNE PROBITÉ MÉDICALE DÉFAILLANTE

Que faire devant cette complication?

Mais, d'abord, que penser de cette complication?

Le Dr Bruth n'avait-il pas promis au père, le 27 juillet, trois jours avant la castration, qu'il n'y aurait pas de rechute, pas de récidive?

Que signifiait donc cette double tumeur qui coiffait exactement l'extrémité supérieure de la cicatrice?

« Écrivez-moi, s'il se présente quelque chose d'extraordinaire : voici mon adresse », avait dit au père, avant de partir pour Cabourg, le chirurgien dichotomiste.

Mais le père n'eut même pas la pensée d'écrire au Dr Bruth.

Il alla au téléphone, et appela le médecin de la petite ville voisine, Château-sur-Brenne.

C'était le vieux Dr Pranneau, lequel était, depuis une trentaine d'années, le médecin de la famille. Il avait la réputation d'être un peu pessimiste, un peu sévère, mais sérieux, habile, et honnête.

Il venait de marier sa fille à un jeune chirurgien, et devait prendre prochainement sa retraite.

***

Déjà, à ces mêmes vacances, le père l'avait fait venir trois fois pour le « blessé ». Il n'avait pas la moindre confiance dans l'élève du Dr Bruth, le Dr Gastrazzi, qui lui avait fait l'effet d'être, à l'égard du malade, absolument indifférent. Il n'utilisa pas une seule fois l'adresse que ce tout jeune docteur lui avait donnée, en se mettant à sa disposition pour tous les besoins, qui pourraient survenir. C'était dit sans conviction. Stylé par le maître, l'élève avait répété sa leçon. Rien de plus.

Le premier contact avec le Dr Pranneau avait été inquiétant, presque tragique.

Après avoir examiné le castré, et donné des indications précises pour les bains de soleil, que le disciple de Bruth avait ordonnés ridiculement courts, le vieux médecin avait pris le père à part. Puis il lui avait témoigné énergiquement son étonnement et sa désapprobation, au sujet de la castration à laquelle le malheureux avait donné son consentement.

« On ne castre plus. Moi, je ne castre jamais. Il y a, dans le voisinage, un paysan qui avait un testicule gros comme une tête d'enfant. Je l'ai guéri en quelques mois, par le repos, le traitement général de la tuberculose, et les bains de soleil. Enlever un testicule est chose grave, surtout quand l'opéré a l'âge de votre fils. Quand les choses vont mal, j'envoie mes malades à Arcachon. »

Et il cita au père le cas d'un homme jeune, vigoureux, âgé d'une trentaine d'années. Un chirurgien l'avait castré d'un testicule, puis du second. L'opéré, malgré sa vigueur, n'avait pas résisté. Il avait rapidement décliné, puis il était mort, quelques mois après, de misère physiologique.

Tel est l'effet général, l'effet fatal de la castration subie à un certain âge.

Le père avait écouté sans mot dire ces paroles qui lui rappelaient la consultation du Dr Brouties, le jeune spécialiste auquel le Dr Scapin, le rabatteur, l'avait adressé, mais après la castration. Se pourrait-il donc que le jeune et inconnu Dr Brouties eût raison contre le Professeur Bruth?

Mais le père refusait encore de se rendre à l'évidence et d'accepter l'horrible vérité. Il résistait. Il se défendait.

Il disait au Dr Pranneau ce qu'était, croyait-il, le Dr Bruth, et comment il l'avait connu. Il ne pouvait pas encore admettre que cet homme l'eût deux fois trompé, la première en affichant à l'égard de son fils aîné, blessé de guerre, un dévoûment patriotiquement désintéressé, la seconde, en pratiquant sur son fils cadet une opération abusive, et qui, finalement devait être mortelle.

***

A cette résistance, à cette défense passionnée, le vieux médecin de province comprit qu'il s'était trop avancé.

Comme il n'avait point la prétention d'être héroïque, il fit machine arrière.

Il concéda que le Dr Bruth devait avoir eu ses raisons pour agir ainsi. Au surplus, son gendre, le jeune chirurgien, l'avait connu. C'était un homme considérable et sévère. S'il avait castré, c'était sans doute qu'il croyait le jeune normalien menacé de quelque très grave complication.

« Par exemple, rien n'est douloureux (affirma-t-il) comme une tuberculose de la vessie. Ce sont, pour uriner — et l'on urine souvent quand on est atteint de cette affection — des douleurs intolérables. Et cette affection est, pour ainsi dire, incurable. Elle dure des mois et des mois. On n'en voit pas la fin... Voilà, de toute évidence, ce que le Dr Bruth avait voulu éviter. Il avait dû constater, à quelque signe certain, que le jeune homme était sous la menace d'une tuberculose de la vessie... ».

C'est ainsi que ces deux hommes, le père et le médecin de province, se trompaient l'un l'autre, et mentaient, le père, à moitié; le médecin, totalement.

Le père mentait par pusillanimité, par lâcheté devant la faute qu'il avait commise : faute qu'il aurait dû avoir à cœur de réparer immédiatement, sans attendre une seule minute, un seul instant.

Le médecin mentait par complaisance, par indifférence, par esprit de corps, peut-être même par espoir de quelque avantage futur, sinon pour lui-même, du moins pour son gendre, jeune chirurgien à qui la protection d'un Maître illustre pourrait être utile dans quelque conjoncture à venir.

Et tous deux, le père et le médecin firent de leur

mieux pour étouffer la vérité naissante, pour éteindre la lumière qui se levait.

Mais à ce jeu si lâche, et trop humain, hélas ! le père perdait son fils.

Mais le médecin, qu'y perdait-il?

— Rien, s'il était corrompu, ou corruptible. Il y gagnait.

***

Voilà l'homme que le père consulta sur le double abcès qui venait de se former juste sur le sommet de la cicatrice laissée par la castration.

Et voilà dans quelles conditions d'insincérité il reçut une confidence téméraire — mais juste — et trop vite retirée.

Quant au prétendu danger si grave, allégué par le médecin redevenu prudent, celui d'une contamination de la vessie, et de l'extrême gravité de cette tuberculose vésicale, c'était un pur mensonge.

Cela valait les deux contre-vérités auxquelles le Dr Bruth avait fait appel pour terroriser ses visiteurs : le danger de contamination du rein, et la phtisie testiculaire *foudroyante*.

***

Le Dr Pranneau regarda les deux tumeurs, les tâta les mania. Puis il réfléchit, ou fit semblant.

Enfin, il dit — le misérable ! — « Écrivez au Dr Bruth : c'est ce que vous avez de mieux à faire. »

Et le père écrivit au Dr Bruth, qui était alors non plus à Cabourg, mais dans une résidence estivale qu'il possède quelque part dans le Limousin.

Avisé et prudent (et pour cause !) le Dr Bruth répondit très laconiquement : « Je rentre à Paris le 2 octobre : venez à ma consultation. »

La fatalité nouait ses liens, et les serrait sévèrement, confirmant ainsi cette parole d'un vieil avocat parisien : « Il y a des chirurgiens tels, que lorsqu'on entre dans

« leur cabinet de consultation, on peut se dire : je suis « perdu. »

Bientôt le père franchira une seconde fois la porte du cabinet de consultation du Dr Bruth.

Et son fils, cette fois-ci, sera irrévocablement perdu.

Il fera, vers la mort, un chemin dont on ne revient pas.

XVII

LA SECONDE OFFENSIVE DU CHIRURGIEN

Nous allons vers une seconde opération chirurgicale dichotomique. C'est paradoxal : mais c'est ainsi.

Nous entrons dans le chemin de la souffrance continue des crises répétées et de la mort.

Dur chemin ! L'opéré le parcourut avec une patience et un courage exemplaires. Mais nous en éviterons, aux lecteurs qui veulent bien nous suivre, le fastidieux et lamentable détail. Fidèle au dessein de ce livre, qui a pour but de montrer la gravité extrême du péril dichotomique, nous ne retiendrons ici que les stations principales du calvaire. Cet abîme de souffrance s'ensevelira dans l'abîme de l'oubli, à moins que nous n'ayons le loisir de consacrer un livre spécial, livre d'intimité et de pitié — de remords aussi — au supplice du malheureux jeune homme que son père ne sut pas défendre contre le crime médico-chirurgical.

Pourquoi donc le Dr Pranneau, le vieux médecin provincial, au lieu de renvoyer le jeune homme au chirurgien qu il savait fort bien être son assassin (il en fit l'aveu plus tard), ne l'adressa-t-il pas à Berck-sur-mer, où peut-être le Dr Calot aurait encore pu réussir à le sauver?

Berck, c'était, pour le castré, la seule chance de salut. Et, dût-il y mourir, là, du moins, il était à l'abri des opérations téméraires et intéressées, et des souffrances inutiles.

Pourquoi le Dr Pranneau laissa-t-il grossir les deux tumeurs jumelles sans en prendre le moindre souci?

Pourquoi décida-t-il le père à s'en rapporter au dichotomiste Bruth?

Que signifie cet abandon?

Où donc, en tout cela, est la morale, la bonté et même l'élémentaire pitié?

Dans quel monde étrange vivons-nous?

Mais revenons à notre malade.

Il est toujours, et cela depuis le dix-neuf août, dans le Loir-et-Cher, à Hautlieu.

Il y prend des bains de soleil, quand il y a du soleil. Il suit un traitement fortifiant et reconstituant, d'ailleurs assez médiocre : le Dr Pranneau, ultra prudent à l'égard des règles cruelles et anti-sociales de la *Déontologie* médicale, n a presque rien osé ajouter à l'ordonnance du tout jeune Dr Gastrazzi, élève et remplaçant du Dr Bruth.

Le temps est assez doux, et, en général, l'opéré peut chaque jour s'étendre sur la chaise-longue. L'automne est clément. Mais c'est l'automne. Le soleil d'automne sera-t-il plus fort que le mal? Plus fort que l'atroce blessure chirurgicale, si débilitante pour un adolescent?

Le 29 septembre, le père rentre à Paris, afin de reprendre sa classe au lycée.

Il confie son blessé aux soins du frère aîné, étudiant d'agrégation à la Sorbonne, dont les vacances vont jusqu'à la Toussaint. Il sait qu il peut compter sur ce frère aîné comme sur lui-même, et que tous les soins nécessaires seront prodigués au malade.

Mais la saison s'avance. Le temps fraîchit. Et les deux tumeurs jumelles qui coiffent la cicatrice continuent de grossir. Il faut aviser.

Le Dr Bruth a terminé, lui aussi, ses vacances. Il est de retour à Paris. L'opéré y revient lui-même, sous la conduite attentive et dévouée de son frère aîné, le 14 octobre.

Il arrive très mal en point, triste, abattu, de plus en plus faible. Pendant la nuit qui suit son retour, il a une longue crise d'étouffement. C est la première fois que ce fait se produit. Le poumon commence à se prendre.

La tuberculose (dont il ne sait pas encore qu'il est atteint) fait des progrès. Elle s'étend.

Afin d'être mis au courant de la situation, le Dr Bruth, qui est défiant, et qui, avant de faire un pas, s'assure de la nature du terrain, a donné rendez-vous chez lui au père, non pas pour un de ses jours de consultation, mais pour le dimanche 17 octobre.

Le père est un peu étonné de ce choix. Mais il n'ose pas encore comprendre. La vérité, c'était que le Dr Bruth, qui avait promis, qu'il n'y aurait pas de récidive, redoutait, de sa part, des plaintes peut-être un peu vives, dont il ne fallait pas que ses clients fussent témoins.

Au lieu d'un révolté il vit un résigné, un vaincu : le Dr Pranneau avait bien travaillé.

« Amenez votre fils à ma consultation de mardi, lui dit-il. Aujourd'hui, en rentrant chez vous, prenez de son urine, faites-la analyser, et rapportez-moi la note du pharmacien ».

Le père s'adressa à un pharmacien sérieux et savant, qu'il avait connu autrefois, lorsqu'il habitait près de l'École de Médecine.

Il lui exposa les faits tels qu'il les voyait alors. Il lui dit notamment que les Docteurs Brouties, de Paris, et Pranneau, de Château-sur-Brenne, avaient positivement et même sévèrement désapprouvé la castration. La réponse du pharmacien, homme de grande expérience et qui connaît bien le monde médical, fut d'abord hésitante, réticente. Mais il finit par dire franchement au père : « Allez donc voir le Dr Baudet. C'est un spécialiste qui soigne ces sortes d'affections par des injections locales et sclérosantes. Ces injections modifient les tissus malades, les durcissent, puis emprisonnent et stérilisent les lésions. Allez-y. »

Et il ajouta : « *C'est un conseil d'ami que je vous donne.* »

Ces dernières paroles frappèrent beaucoup l'esprit du père. Il y réfléchit pendant son retour, et, une fois rentré chez lui, il en fit part à ses deux fils.

C'était la troisième fois qu'un homme compétent désapprouvait la méthode de Bruth.

C'était impressionnant.

Aussi décida-t-on que le 19 octobre, le mardi, lors de la cousultation, on demanderait au chirurgien si le moment n'était pas venu d'avoir recours à des injections locales modificatrices.

La confiance morale que l'opéré, son père et son frère avaient dans le Dr Bruth n'était pas encore ébranlée.

Mais il n'en était plus tout à fait de même de leur confiance au point de vue médical.

Après tout, se disaient-ils entre eux, le Dr Bruth n'est pas un spécialiste. Il pratique, dans son hôpital Saint-Philippe, la chirurgie générale. Et puis, c'est un chirurgien déjà vieux. Il peut avoir, à l'égard des méthodes récentes, des préjugés de vieux chirurgien. Il peut, dans de certaines limites, se tromper...

***

Mardi ,19 octobre, jour de consultation.

Le père et le fils cadet partent, préoccupés. Ils prennent non plus le métropolitain (l'état physique du jeune homme ne le permettait plus) mais un taximètre pour l'aller, un autre pour le retour.

La consultation a lieu dans son cadre de luxe mondain, trop parfait, et trop neuf.

Le vieux et célèbre chirurgien a oublié, ou feint d'avoir oublié, la promesse qu'il avait faite l'avant-veille de la castration, solennellement : « Il n'y aura pas de récidive ». Et le père n'ose pas lui en parler.

Mais sans attendre la conclusion du chirurgien, qui orientait visiblement son malade vers une nouvelle opération, le père exposa son point de vue, en termes mesurés, mais très clairs : « Cette fois-ci, ne vaudrait-il pas mieux tenter des injections modificatrices? »

Il produit ses arguments, cite ses autorités, c'est-à-dire les opinions des deux médecins et du pharmacien, mais en ayant bien soin d'en atténuer les termes. Il en tempère la rigueur par politesse, par respect à l'égard du grand chirurgien, par reconnaissance pour celui qui avait hospitalisé et soigné son fils aîné, blessé de guerre, et aussi par une sorte de crainte involontaire et superstitieuse à l'égard de l'homme qui avait en main le sort de son fils cadet, et peut-être sa vie.

Le malheureux père pliait sous le poids croissant de sa misère morale. Il se laissait abattre par l'excès même de souffrance de son fils, au lieu de secouer le fardeau d'un respect mal fondé, et d'oser s'en rapporter aux intuitions de son bon sens. Mais à ce moment, ce simple bon sens n'était pas suffisamment appuyé sur des connaissances médicales et physiologiques.

Le père devait sortir vaincu de ce duel.

Car le Dr Bruth, qui commence à être vieux, et qui a depuis longtemps des embarras d'argent, est un cheval de retour de la dichotomie. Ses consultations, pour qui sait voir clair, sont de véritables chefs-d'œuvre de psychologie, d'énergie et d'immoralisme.

Pour obtenir l'autorisation de castrer, le gredin diplômé avait dit au père : « *phtisie foudroyante!* »

Et le père avait été vaincu du coup, vaincu sans rien examiner, sans rien contrôler, car il avait confiance.

Pour obtenir le consentement du fils, il avait prononcé gravement, sur un ton modéré, mais intentionnellement tragique : « Il y va de la contamination du rein ; et, si le rein se prend, *je ne réponds plus de rien* ». Et l'adolescent avait tenu pour vérité ce très cynique mensonge. Il avait baissé la tête, et acquiescé. Et l'on se souvient que, sous l'influence de cette affirmation archifausse, il avait opposé une résistance absolue et aux tentatives de persuasion de sa mère, qui redoutait cette opération, et à la volonté de son père, qui, obéissant à une révolte de son bon sens et de sa raison, avait voulu l'emmener chez un spécialiste qu'il connaissait, le Dr Lezinski.

***

Cette fois-ci, le 19 octobre, près de trois mois après la castration, et en présence du fait nouveau, les deux tumeurs jumelles coiffant exactement le sommet de la cicatrice opératoire, le Dr Bruth répéta sa tactique du 27 juillet.

Il eut recours à un nouveau coup droit. Il fonça sur l'obstacle, c'est-à-dire sur les injections modificatrices : « *Les injections! C'est un remède de quatrième page de journal!* »

Ce fut tout, mais c'était suffisant.

Suffisant, parce que le père et le fils avaient encore, à cette heure-là, pleinement confiance en sa moralité.

Suffisant, parce que leurs soupçons, encore timides, ne portaient que sur le degré de jeunesse et d'actualité de ses idées médicales, et que tout au plus le supposaient-ils, en qualité de vieux chirurgien, un peu porté à préférer les opérations aux thérapeutiques non sanglantes.

Suffisant enfin, parce que cette réponse mettait discrètement, mais nettement, en lumière sa qualité d'agrégé, de chirurgien des hôpitaux, d'opérateur réputé, et de prétendu savant.

« *Remède de quatrième page de journaux* », c'était exactement le mot qu'il fallait à cette heure-là, dans ce cas-là, avec ces hommes-là.

Ni le père, ni le fils ne répliquèrent.

Ce mot, cette condamnation, contre-balancèrent l'opinion du Dr Brouties, un jeune ; celle du Dr Pranneau, un provincial ; et même le « conseil d'ami » du pharmacien : après tout, le doctorat en pharmacie ne fait pas un médecin !

Néanmoins, le consentement ne fut pas immédiat.

Le père, inquiet, troublé, demanda à réfléchir, ce à quoi le Dr Bruth affecta de consentir sans la moindre difficulté.

Il était beau joueur.

***

Rentré chez lui, le père délibéra en famille. Que devait-on faire? Consentir à une seconde opération, ou bien aller consulter le Dr Baudet, celui qui soigne l'orchite tuberculeuse par des injections locales?

Mais il ne s'agissait plus d'orchite tuberculeuse. Le mal s'était déplacé, avait remonté dans l'aîne droite. Il n'y avait plus lieu à injections locales.

On finit par se décider pour l'opération : le Dr Bruth enlèverait les deux abcès, qui, par leur croissance, n'en faisaient plus qu'un seul depuis un certain temps déjà.

Conformément à cette résolution, le père adressa au chirurgien une lettre pneumatique, annonçant que son fils retournerait à la maison des Silentines le vendredi 22 octobre, et serait opéré le samedi 23.

De la promesse faite trois mois auparavant : « Pas de rechute, pas de récidive », il n'était plus question.

Personne n'en parlait. « C'est la fatalité », pensait confusément le père.

Quant au fils, il se souvenait des paroles mensongères et perfides du Dr Bruth : « *Malheureux, vous avez trop attendu*. Laissez-moi là tous vos livres. Oubliez Platon et tous vos Grecs. Ne faites plus rien du tout. »

Il s'humiliait tout bas, dans le secret de sa conscience si haute, si belle et si modeste. Il s'accusait, lui, l'étudiant modèle, l'écolier parfait, le candidat couronné par la victoire.

« C'est la suite de mes examens, se disait-il. J'ai trop travaillé. Je ne me suis pas assez ménagé. »

Et le Dr Bruth, que ruminait-il, lui, le dur, l'hypocrite dichotomiste?

Ce double abcès qui était venu coiffer exactement l'extrémité supérieure de la cicatrice opératoire, était-il totalement imprévu pour lui?

Ou bien cette grave complication, venait-elle à sa date, et à son échéance, parce qu'il l'avait voulue, calculée, préparée, semée avec la pointe de son bistouri?

Qu'est-ce que pouvait bien se dire son âme de canaille?

Où donc en était sa conscience?

Où donc était sa conscience?

XVIII

LE MYSTÈRE DE LA SECONDE OPÉRATION

Samedi 23 *octobre.*

Le Dr Bruth a excisé la double tumeur qui coiffait l'extrémité supérieure de la cicatrice opératoire laissée par la castration.

L'opération, raconta la sœur Silentine, avait duré une demi heure, largement.

Pourquoi si longtemps? Quelques mois plus tard, le Dr Bruth affirma qu'il avait stérélisé au thermocautère, intérieurement, tous les abords de la plaie.

.Cette opération venait environ trois mois après la castration, laquelle avait été faite le 29 juillet.

Son effet fut non pas plus terrible, car la castration avait changé cet adolescent du tout au tout et en avait fait une loque humaine, mais plus apparent, et plus immédiat, précisément parce que l'opéré n'était déjà plus qu'une loque humaine.

Aussitôt après sa classe du matin au lycée Voltaire, le père vient voir en toute hâte son fils, vers onze heures.

Il est mal réveillé du sommeil chloroformique. Il se plaint, lui, toujours si doux, si calme, si parfaitement raisonnable. Par instants, il frappe du poing le mur voisin de son lit.

Le soir, vers cinq heures, le père fait une seconde visite : l'adolescent s'était rendormi, puis à son réveil, avait eu une nouvelle phase d'excitation.

Le lendemain, il se plaint d'une douleur à l'oreille gauche. Il a toussé. Il demande à son père de lui faire allumer du feu. Il souffre de l'estomac, des entrailles, mais surtout de l'aîne gauche, où il croit percevoir à la palpation, une grosseur, un relief.

Son urine est rouge, et chargée. Quand on l'examine

de près, on y voit, à l'œil nu, flotter en suspension quantité de tout petits brins de laine, courts et menus, à peine perceptibles. Ce sont les éléments anatomiques du rein.

Le Dr Bruth prononce : « Ces troubles gastriques et intestinaux viennent d'un empoisonnement de l'urine. Vous prendrez de l'urisanine, jusqu'à nouvel ordre, à la dose de trois cuillerées à bouche par jour. »

Mais c'est le dimanche : plusieurs des pharmacies voisines sont fermées, ou bien n'ont pas le remède demandé ! Le père va en chercher jusqu'au centre de Paris. Il en rapporte enfin un flacon, dont son fils s'empare avidement.

« Quant à la grosseur de l'aîne (du côté opposé à la castration), je m'en occupe, dit le dichotomiste : dans huit jours je vous ferai traiter par les rayons X. On vous en fera l'application sur deux points : sur la cicatrice, qui d'ailleurs ne sera pas totalement fermée, et sur la partie de l'aîne gauche où vous sentez une douleur. Patientez huit jours. »

Le Dr Bruth était sur le point de sortir, et se dirigeait vers la porte de la chambre. Mais il se ravisa et dit au père : « Il faut à cet enfant de l'huile de foie de morue (c'était la *première fois* qu'il en parlait). Écrivez à tel nom, telle ville, telle adresse. Demandez deux bouteilles d'huile blanche : il n'y a que là qu'on en trouve dont on soit sûr. Dites que c'est sur mon conseil que vous écrivez : n'y manquez pas. De cette façon, vous êtes certain d'être bien servi. »

Immédiatement, le père écrivit à l'adresse qu'on venait de lui donner. Quelques jours après, les deux bouteilles d'huile blanche arrivaient.

Consciencieusement, l'adolescent se mit à en prendre conformément à l'ordonnance du docteur.

Mais, dès le surlendemain, il était obligé de cesser : son estomac était trop malade pour supporter ce beaucoup trop tardif remède.

Il ne pensa plus qu'aux rayons X. Il avait huit jours à attendre.

Chacune de ces journées fut marquée par quelque incident de santé. La souffrance se déplaçait, voyageait. C'étaient tantôt l'estomac, tantôt l'intestin, une autre fois, l'aîne gauche qui l'inquiétaient.

Le dimanche 31 octobre vint enfin.

C'était le jour de la première application des rayons X.

Il devait y avoir en tout quatre séances, après quoi le malade s'en irait à Cannes.

La maison des Sœurs Silentines, voyant que la situation s'aggravait, le laissait volontiers partir, et même l'y aidait.

A Cannes, le Dr Bruth comptait bien revoir le bi-opéré aux fêtes de Noël, qu'il se proposait de passer dans cette ville. Mais, de ce voyage, qu'il devait sans doute faire avec des billets spécialement bon marché, offerts par un journal médical, il ne dit rien ni au fils, ni au père.

On verra plus loin comment il fit part de ses intentions à ce dernier, un peu plus tard.

En réalité, l'impitoyable dichotomiste comptait encore tirer de sa lamentable victime, quelque honnête profit.

XIX

LE COUP DES RAYONS X

Nous voici au dimanche 31 octobre. On doit faire au malade la première application de rayons X, exactement *huit jours* après la seconde opération, c'est-à-dire après l'excision du double tuberculome, et aussi après la stérilisation au thermo-cautère des parties infectées, à l'intérieur de la paroi abdominale, dans la région inguinale droite.

Le Dr Bruth, ainsi qu'on le sait, n'avait rien dit de cette opération concomitante, et singulièrement aggravante, ni au père, ni au fils. Pas un traître mot. Cette révélation fut faite plus tard : il y avait là un abus de confiance dont le but demeure inconnu.

Mais la maison des Sœurs Silentines n'est pas outillée pour ce genre d'opérations : son luxe d'installation est un peu vieillot, n'est pas à la page.

Il faudra transporter cet opéré de huit jours, dont la blessure intérieure a été traitée au thermo-cautère, au delà du parc Monceau, chez le Dr Bontour. Ce transport se fera en taximètre, d'un travers à l'autre de Paris, du quartier de la Santé à celui des Ternes : soit trois quarts d'heure de cahots pour chacun des voyages aller et retour. Pourquoi ce supplice? Quel est le but du Dr Bruth, qui l'a imposé à son bi-opéré? Espère-t-il vraiment que ce malheureux en recevra quelque soulagement, quelque amélioration? Qu'en peut-il bien attendre, ce dichotomiste, sinon un pourboire?

***

Le père va chercher son fils en taximètre, et le mène chez le Dr Bontour. Il l'aide à descendre de voiture avec d'infinies précautions. Le cabinet du docteur est dans une maison luxueuse, au premier. Il y a un ascenseur. Le malade s'avance très péniblement jusqu'à l'ascenseur, et aidé par son père, y monte. Le Dr Bontour vient ouvrir lui-même, et conduit le fils et le père dans le cabinet où il opère. Le Dr Tuffière-Bruth y est déjà, ainsi qu'il l'avait fait prévoir.

Une fois que le jeune homme s'est déshabillé presque totalement et s'est couché sur la table, sous l'ampoule volumineuse, le Dr Bruth, de sa propre autorité, et sans avoir consulté ou averti le père, révèle au patient tout d'un coup, subitement, sans aucune sorte de préparation psychologique, la nature de son mal, que jusqu'alors il lui avait tenue absolument secrète :

« *Il s'agit d'une tuberculose viscérale.* »

Le père reste muet de surprise.

Le jeune homme ne dit rien, et réfléchit longuement, lourdement.

Après cette révélation tout à fait inattendue et faite dans des conditions étrangement impressionnantes, le Dr Bruth partit.

Bientôt la séance était terminée.

Le père ramena son fils à la maison des Sœurs Silentines, en taximètre, prenant toutes les précautions possibles pour épargner la douleur des cahots au patient, qui, pensif, se laissait faire, et, désormais, s'abandonnait à son dessin.

Quant au Dr Bruth, il méditait déjà une troisième opération, ou une quatrième, si l'on compte cette singulière application de rayons X pour une opération chirurgicale.

Était-ce pour frapper durement l'esprit du jeune homme, pour l'abattre, qu'il lui révéla à l'improviste sa tuberculose?

***

Comment se passa la nuit qui suivit cette première séance de rayons X? Quel fut le caractère, quelle fut la violence de la crise? C'est le secret de la Maison des Silentines, ou, du moins, de la veilleuse de nuit.

Tout ce que l'on sait, c'est que cette crise faillit être

mortelle. Il fallut faire à l'opéré, dans l'après-midi et la nuit, quatre piqûres, dont deux d'héroïne. On le veilla pendant toute cette nuit.

Le lendemain, dès sa première visite, le père trouva son fils abattu, désolé, et même, contre son habitude (car il était extrêmement courageux) presque désespéré.

Dans le courant de la nuit, il avait souffert successivement du rein droit, puis du rein gauche, et enfin et surtout, du ventre.

Le Dr Bruth, informé de la situation, ordonna de la neurine, à la dose de deux cuillerées par jour.

Le père revint dès trois heures de l'après-midi. La crise était un peu calmée, mais non pas terminée. Le malade avait vomi ! Une cuvette près de lui, était au tiers pleine d'une matière jaunâtre.

Bientôt, il eut envie de vomir à nouveau, et rendit, dans le bol qu'avait saisi sur la table de nuit et que lui tenait son père, un liquide grumeleux et noirâtre : « C'est du caca » dit-il, épouvanté, à son père. C'était vrai. Mais celui-ci le nia, et essaya de plaisanter.

Quand ce fut fini, il sortit sous quelque prétexte, alla trouver la sœur, et lui demanda si son fils était en danger de mort.

« Je ne le pense pas, dit-elle : il a le pouls très rapide ; mais c'est la suite des rayons X. Il était bien frais de son opération chirurgicale » — Cette opération datait exactement de huit jours.

Puis elle ajouta, après avoir cherché son mot :

« Les rayons X l'ont *chahuté* ».

Tous les remèdes furent suspendus, et, cette nuit-là, l'adolescent fut veillé par sa mère.

Le lendemain, le Dr Bruth ordonnait, pour toute nourriture, « trois boulettes de viande grosses comme une noisette dans de la purée de pommes de terre, avec un verre d'eau de Saint-Galmier ».

Le malheureux demanda à la religieuse qui le soignait : « *Puis-je me promener dans le jardin?* » Or, on était le 2 novembre. Cette question insolite et déconcertante dit à quel point son esprit avait été frappé.

Le surlendemain, il vomissait encore des matières indéfinissables. Le père lui fit un vif plaisir en lui lavant la bouche et le nez avec de l'eau additionnée de jus de citron.

« Pourrais-je revenir à Hautlieu, dans le Loir-et-Cher? » lui demanda le malade.

— « Plus tard, au printemps, ou plutôt en été. Tu passeras l'hiver à Cannes ».

En réalité, jamais il ne devait revoir son séjour de vacances. Il mourra misérablement, à Cannes, entouré de sa mère, de son père et d'une infirmière.

***

Dès qu'il fut à peu près transportable, le 8 novembre, on le ramenait de la maison des Sœurs Silentines chez lui, dans le logement de ses parents, à Paris.

Les Sœurs Silentines, par crainte de le voir mourir chez elles, avaient suggéré cette évacuation.

Huit jours après, le 14 novembre, on le transportait à Cannes, couché sur un lit de wagon-salon.

A Cannes, nous verrons par quel artifice il était encore sous la coupe du Dr Bruth, qui envisageait, mais sans en rien dire encore, une nouvelle opération sur ce corps moribond, déjà si endommagé par son bistouri criminel.

Le dichotomiste avait tenu la main à ce qu'il prît, avant de quitter Paris, ses deuxième, troisième et quatrième séances de rayons X, selon le programme établi par lui, d'autorité. Pour quel avantage? Pour quel profit?

***

Il parut un instant au cours de la quatrième séance de rayons X, comme il avait fait au cours de la première.

Ce fut pour compléter sa révélation de la première séance (« tuberculose viscérale ») et pour dire au jeune homme, couché sur la table, sous l'ampoule énorme : « *Ce sera chronique. Chronique ne veut pas dire incurable* ».

Pourquoi ces paroles inutiles et même indiscrètes et peu charitables? Était-ce pour préparer le père à l'idée, à l'acceptation de la nouvelle opération que le diabolique chirurgien comptait bien faire subir à son patient, lors de son prochain voyage de plaisir à Cannes, aux fêtes de Noël? La pratique de la dichotomie démoralise totalement ceux qui en vivent.

Mais surtout, pourquoi avoir fait cette application de rayons X, huit jours après une opération très grave, à ce malheureux, déjà cachectique, et qui fut mis, par cette opération, à deux doigts de la mort?

Pourquoi, sinon pour un intérêt dichotomique?

Et aussi pourquoi cette tardive ordonnance de deux bouteilles d'huile de foie de morue à un malade déjà deux fois opéré, dont l'estomac et l'intestin avaient grand peine à digérer une nourriture normale?

Pourquoi cette recommandation du Dr Bruth au père : « Ayez bien soin de demander cela en mon nom, sur ma recommandation, afin d'être sûr d'être bien servi? »

— « Misères ! » objectera-t-on.

— « Oui, misère de la dichotomie ! Misère des embarras d'argent ! Misère d'un luxe excessif dont il faut bien soutenir la charge et le poids. Tant pis pour ceux qui se laisseront prendre au piège dichotomique : on les videra jusqu'à la mort. »

XX

A CANNES, SOUS L'ŒIL DU DISCIPLE

Une fois à Cannes, l'opéré du Dr Bruth échappera sans doute à l'influence de l'homme néfaste qui l'a castré criminellement ; qui lui a imposé une deuxième opération (l'excision de deux tuberculomes) d'une utilité contestable, opération née d'une faute, d'une imperfection, peut-être intentionnelle, de la première (la castration) ; qui, huit jours après lui fit appliquer les rayons X dans des conditions telles que le patient faillit en mourir, et qu'il réclamait une civière, au besoin un brancard des pompes funèbres, pour remonter son escalier ; du criminel endurci et orgueilleux qui exploita méthodiquement, cruellement, froidement, en calculateur sans entrailles, toutes les misères de ce corps, de cette chose humaine et vivante, torturée par lui, et par lui orientée, lancée vers la mort...

Qui sait? Peut-être est il encore temps de sauver cette loque? La vie, chez un jeune homme, est parfois si puissante !

Non ! le castré de juillet n'échappera pas à son bourreau diplômé.

A Cannes, il sera soumis à la surveillance d'un de ses élèves, le Dr Casanère.

A Cannes, il sera visé par une troisième opération, qui eût été faite par ce même Dr Bruth, assisté du Dr Casanère, à son voyage des fêtes de Noël, si le père n'avait fini par soupçonner le calcul du scélérat, et n'avait pas enfin opposé son veto.

***

Voici comment les choses se passèrent.

Dès le mois de septembre, après l'apparition de la

double tumeur sur le sommet de la cicatrice opératoire, le père avait songé au choix d'une station d'hiver pour le malade.

Le vieux Dr Pranneau, qui le soignait pendant ces tristes vacances, avait conseillé Arcachon. Mais on sait comment ce médecin de province s'effaça bientôt et abdiqua toute autorité personnelle au profit du grand chirurgien, dont il avait commencé par critiquer si sévèrement l'intervention. Ce fut ce Dr Pranneau qui, infidèle à son devoir, mais trop fidèle à la *Déontologie* médicale, décida le père à consulter le dichotomiste lui-même sur la double tumeur dont la naissance avait été provoquée par la castration dichotomique.

Or, le Dr Bruth voulait Cannes, et cela pour des raisons personnelles, des raisons d'intérêt qu'il dissimulait avec soin.

Le père s'était donc mis en relations avec un instituteur de Cannes, M. Guildal, qui chercha, et qui finit par trouver une maison de santé, tenue par un médecin, dont les conditions parurent convenir tout à fait pour le jeune malade. L'affaire, qui se traitait par correspondance, approchait de sa conclusion. Il n'y avait plus qu'une lettre d'acceptation à envoyer à l'intermédiaire dévoué et désintéressé, M. Guildal.

Le père crut devoir faire part de cette négociation au Dr Bruth.

« Non, dit celui-ci avec son esprit de décision et d'autorité habituel, ce n'est pas cela qu'il vous faut. J'ai mieux : la villa des Pommes d'Or, maison de santé très sérieuse, dirigée par une infirmière de guerre diplômée.

« Les Pommes d'Or sont situées, parmi un bois d'orangers, sur une colline qui regarde en plein midi, et qui domine, du haut de ses soixante-cinq mètres d'altitude la ville de Cannes, le port et le golfe de la Napoule. Enfin, le médecin qui s'en occupe est un de mes anciens élèves, le Dr Casanère, qui a là-bas une haute situation personnelle et politique. Votre fils sera soigné aussi bien qu'il est possible. J'ai écrit au Dr Casanère. J'ai sa réponse. Il ne manque plus que votre consentement. Je vais, avec votre autorisation, le lui envoyer. »

Le père donna son consentement et s'excusa auprès de M. Guildal, l'instituteur cannais, qui, dans sa réponse, exprima discrètement quelques regrets de ce choix de la villa des Pommes d'Or. Il avait ses raisons, que le père ne comprit que plus tard.

***

C'est donc à la villa de santé des Pommes d'Or que le malade fut conduit, ou plutôt transporté, les quatorze et quinze novembre, par son frère aîné, qui s'acquitta de sa tâche avec un soin parfait.

Le malade fut d'abord, à Paris, porté en taximètre à la gare de Lyon. Là, un fauteuil roulant le conduisit jusqu'au wagon-salon où son lit l'attendait.

A la gare de Cannes, une voiture le prit et le porta route de Grasse, à la villa des Pommes d'Or, dirigée par Mlle Routinel, infirmière diplômée.

Le père, retenu à Paris par sa classe du lycée Voltaire, et sachant qu'il pouvait compter absolument sur son fils aîné, n'était que modérément inquiet.

Il se disait : « Mon fils est en pays connu. Il sera visité par M. Guildal, l'instituteur cannais. Il est là-bas sous la recommandation puissante du Dr Bruth. Il sera soigné par un de ses élèves, le Dr Casanère. Je ne pouvais pas espérer mieux. Le malade passera son hiver dans des conditions parfaites. Au printemps, ou bien au commencement de l'été, nous verrons à le ramener dans le Loir-et-Cher, à Hautlieu... »

Mais quelle serait la suite? Et quelle serait la fin?

L'imagination paternelle n'osait pas aller si loin dans ses prévisions.

XXI

L'ESTHÉTIQUE DE LA VILLA DES POMMES D'OR

Elle est très bien, cette villa des Pommes d'Or, où le Dr Bruth avait envoyé, le 15 novembre, son castré du 29 juillet.

Elle est très bien. Mais elle n'est point du tout destinée aux malades. Les malades y sont très mal.

Elle est située, hors de la ville de Cannes, à mi-pente d'un coteau boisé et fleuri, d'où émergent des maisons et des villas.

Tout en haut du coteau, au Nord, des mimosas, qui bientôt se couronneront de leur parure d'or clair et léger, dissimulent le cimetière catholique et le cimetière protestant.

La façade de la villa regarde le Midi.

A sa droite, du côté de l'Ouest, par-dessus un délicieux petit vallon au fond duquel gronde un torrent, le Riou, dont les pluies d'orage enflent parfois la voix, s'étagent les pins de la route des Gardes, là-haut, à une altitude de cent-huit mètres au-dessus du niveau de la mer. Les Pommes d'Or sont à soixante-cinq.

Plus loin, on aperçoit une autre colline boisée, elle aussi, mais déjà lointaine, dont les pins ressemblent à des graminées immobiles et rigides.

Au loin, tout au fond du paysage doux et calme, s'allonge la croupe irrégulière et capricieuse de l'Estérel, derrière laquelle, le soir, disparaît le soleil.

Au Midi, devant la villa, s'ouvre, presque à pic, le panorama de la ville et du port. L'air est si pur, si clair, si limpide, que, lorsqu'un vaisseau arrive au port, distant de près d'un kilomètre, il semble vouloir entrer par la fenêtre de la chambre où vous êtes. Voici venir un grand navire italien. Il est tout blanc. Il apporte, paraît-il, une cargaison de marbre de Carrare. C'est un voilier. On le touche des yeux. Pour un peu, si l'on étendait le bras, il semble qu'on le prendrait dans sa main.

De cet autre vaisseau, amarré à droite, tout au fond du port, à la jetée qui sépare le port de la rade, s'élèvent le soir, au coucher du soleil, les accents inconnus et romantiques d'une sonnerie lointaine, caressante et mélancolique : c'est un vaisseau de guerre anglais, qui sonne le couvre-feu.

Deux lourds cargos noirs, vaisseaux charbonniers, sont les seuls objets qui semblent peser dans ce concert de choses légères et de paysages tissés de lumière et de verdure.

Partout, clarté et douceur.

***

Entre la ville de Cannes et la villa des Pommes d'Or, du côté gauche, s'étend, descendant vers la mer, la Californie, chaos exotique et joyeux de palmiers, de mimosas, d'eucalyptus et de villas grandes ou petites, classiques ou romantiques. Un grand et somptueux hôtel, jadis allemand, les domine toutes de sa masse, au profil géométrique, et de son attique qui rejoint le ciel.

Regardons moins loin : ici même. Une terrasse sablée s'étend, immédiatement aux pieds du grand bâtiment de la villa. Elle est embellie par deux palmiers très sveltes, très élevés, encerclés par deux petits parterres de pélargoniums d'un rose délicat.

Plus bas, immédiatement au-dessous de la terrasse, c'est le jardin qui descend en vive pente vers le Riou. Le jardin avec son verger d'orangers, son petit bosquet de chênes verts, ses aloès, ses agaves, ses cassies, ses nopals, ses poivriers sauvages, et, rampant sur la terre, parmi le gazon, ses petites fleurs indigènes d'automne ou d'hiver, fines et parfumées.

Tout au fond du vallon, le petit torrent, qui, toujours

gronde, et dont les pluies d'orage parfois viennent renforcer la voix.

C'est là, dans ce lieu à demi-sauvage, et délicieux, que se dresse la villa : petit château cubique au toit plat, couronné d'un attique et d'une balustrade ajourée qu'il y a une soixantaine d'années un Anglais fit construire pour y abriter élégamment ses loisirs et sa vieillesse.

***

Ce château a un rez-de-chaussée et deux étages à cinq fenêtres de face. Il est isolé de plusieurs centaines de mètres de toute habitation, à l'Ouest et au Midi. Il domine l'immense panorama qui se termine, très loin, aux croupes capricieuses de l'Estérel, par-dessus la ville, le port et les faubourgs, qui se creusent en coupe devant lui. Au fond, resplendit la mer, largement, lumineusement ouverte vers l'Est.

Au bâtiment principal, un modeste logis, couvert en tuile, est accolé à l'est : c'est la cuisine.

A l'angle sud-est de la terrasse sablée et ornée de ses deux palmiers sveltes et de ses pelargoniums roses qui s'étend au pied du bâtiment principal, s'élève modérément, au tiers de la hauteur du grand bâtiment, un petit pavillon, qui n'a qu'un étage au-dessus du rez-de-chaussée.

Remarquez-le bien : c'est là que l'infortuné jeune homme finira de mourir.

Le rez-de-chaussée est de plain-pied avec la terrasse, du côté ouest. Mais, du côté sud, il surplombe le jardin, où il a accès par un escalier de maçonnerie qu'ombrage un poivrier sauvage.

Le vaste rectangle de terrain occupé par l'ensemble de la villa des Pommes d'Or, bâtiments, jardin et verger sur la pente sud du coteau, rejoint à l'Est la rue (route de Grasse) par une allée horizontale, embellie de deux rangs de gros palmiers au riche feuillage, et longue de soixante mètres. Une porte cochère, donnant sur la rue, termine l'allée et annonce la villa, en partie cachée par la retombée des palmes. De chaque côté de l'allée court une épaisse bordure de lavande.

***

C'est dans le grand bâtiment, dans une chambre du premier à l'angle sud-ouest, qu'on logea tout d'abord le castré à son arrivée, le 15 novembre.

Puis, le 24 décembre, juste pour l'arrivée de son père, on le relégua dans le petit pavillon, où il occupa, au rez-de-chaussée, la pièce du sud-ouest. On donna de ce changement cette explication : le malade y serait plus libre, plus chez soi, et comme en famille. En effet, la pièce nord-ouest du petit pavillon formait vestibule, et, d'autre part, un corridor, partant de ce vestibule et aboutissant à l'escalier du jardin, séparait de la pièce du sud-est la chambre qui lui était assignée si tardivement. C'était le « chez soi ».

Mais la vraie raison, c'est que, à la villa des Pommes d'Or, le petit pavillon est réservé aux personnes qui vont mourir.

On fait de son mieux pour les décider à partir volontairement. Si elles ne comprennent pas, ou si elles refusent, on se résigne. Mais on les met à part.

On a vite fait, le moment venu, d'ensevelir provisoirement le cadavre dans un vulgaire cercueil de sapin. On le porte à la dérobée, au cœur de la nuit, vers une ou deux heures, à une voiture des pompes funèbres qui attend, non pas au grand portail qui donne sur la route de Grasse, au bout de l'allée des palmiers énormes et bas, mais à une petite porte dérobée. C'est discret.

Cette porte furtive est pratiquée dans le mur d'enceinte d'une petite cour placée derrière la cuisine. Pour arriver à cette cour, il suffit de traverser l'extrémité sud-est de la terrasse, tout à fait à la rive, sous les deux premiers palmiers de l'allée.

C'est tout : la voiture des pompes funèbres s'en va, dans la nuit, par la petite ruelle déserte, bordée de hauts murs et de jardins, qui longe la villa du côté du nord.

Ainsi, les pensionnaires des Pommes d'Or ne voient rien. Les voisins de la route de Grasse non plus.

Le mort s'en va inaperçu. On ne le remarque pas.

Voilà comment fonctionne, en cas de mort d'un pensionnaire, la maison de santé où le Dr Bruth, qui connaît très bien Cannes, avait séquestré sa victime.

Quand le castré mourut — et nous verrons comment il mourut — il fut prestement délogé et enlevé du petit pavillon selon le cérémonial habituel, à une légère variante près.

Cette variante fut introduite par la défiance, par l'irritation paternelle, enfin éveillées.

***

Ajoutons que pas une seule fois pendant son séjour de deux mois et demi, le bi-opéré du dichotomiste ne fit attention à la beauté du site : ce jeune homme si cultivé, si artiste, avait été rendu insensible à toutes les beautés de la nature et de la vie par le coup de bistouri qui l'avait châtré et blessé à mort. Il n'était plus que l'ombre de lui-même : un fantôme qui s'éteignait, indifférent à tout.

Quant au choix du Dr Bruth, qui assigna au mourant ce délicieux séjour, il s'explique par une seule et unique raison : son disciple fidèle et dévoué, le Dr Casanère, était le médecin des Pommes d'Or, et l'ami des deux directrices. L'asile était donc discret et sûr.

Là, aux Pommes d'Or de Cannes, mieux encore qu'à la maison des Sœurs Silentines de Paris, le bi-opéré était tenu en chartre privée.

Le Dr Bruth fera mieux encore : il tentera l'impossible pour empêcher le père d'aller voir son fils à Cannes, ainsi que nous l'exposerons plus loin.

Mais, sur ce point, il échouera.

XXII

LA THÉRAPEUTIQUE DE LA VILLA DES POMMES D'OR

L'Anglais qui, il y a cinquante ans, avait fait construire la villa des Pommes d'Or, avait fort bien choisi le site.

Le grand cube de maçonnerie, avec ses trois étages, ses cinq fenêtres par étage, son attique ; la terrasse qui le porte, ornée de deux palmiers très hauts et de massifs de pélargoniums roses ; le petit pavillon à l'angle sud-est de la terrasse ; la longue allée de palmiers trapus, au feuillage abondant, qui conduit de la terrasse à la route de Grasse : tout cet ensemble, encadré de verdure vive se dresse sur la colline ensoleillée, coupe à angle droit le ciel bleu, domine le vallon du Riou, la ville, le port, le golfe de la Napoule, et semble être de plain-pied, au midi, avec les croupes lointaines de l'Estérel.

C'est un séjour de paix, de luxe et d'amour.

Mais comment les malades y sont-ils traités et soignés?

***

Vers la fin de la guerre, la villa des Pommes d'Or était un hôpital militaire où les blessés venaient achever de guérir, et faisaient cicatriser leurs plaies par des bains de soleil. Ils prenaient ces bains dans le jardin, sous une tente de toile posée au pied de la terrasse, en plein midi. Ce n'était pas des tuberculeux qu'on y envoyait.

Cet hôpital militaire était dirigé par une infirmière militaire d'une trentaine d'années, fille d'officier, Mlle Routinel. La guerre terminée, l'hôpital était devenu maison de santé. L'infirmière en avant gardé la direction, et s'était adjoint une toute jeune femme, qui faisait figure de co-directrice.

Chaque jour, l'après-midi, elles descendaient en ville toutes deux ensemble, l'infirmière avec son costume spécial dont la grande cape était en drap brun kaki.

L'une et l'autre habitaient au second étage du grand bâtiment de la villa. L'infirmière avait, de plus, au rez-de-chaussée du petit pavillon, à l'angle nord-est, une chambre avec porte indépendante sur le jardin. C'était à la fois bureau et boudoir. Ameublement exotique et tapageur de genre mauresque.

Le service était assuré par une bonne, alerte et vive, qui avait des allures impérieuses de maîtresse, et des mines d'enfant gâté. Une jeune fille de Cannes venait tous les jours l'aider à la cuisine.

Chaque chambre de pensionnaire possédait une sonnerie électrique. Mais l'électricité était régulièrement coupée, chaque soir, vers neuf heures. On rétablissait le courant vers huit heures du matin.

Il y avait dans la villa, une dizaine de pensionnaires, dont trois seulement étaient vraiment malades. Les autres étaient là en villégiature, et au repos. Tous, sauf une fillette qui mourra bientôt, prenaient leurs repas à la table d'hôte : c'était dans une belle salle, où, par un artifice d'architecture, immédiatement au-dessus de la tablette de la cheminée, une grande baie vitrée à glace unique et à châssis dormant, donnait vue sur un bois de chênes verts bordé de lauriers roses et de lavande. C'était imprévu et délicieux : un vrai cadre de roman d'amour.

Chaque matin, l'infirmière venait visiter ceux des pensionnaires qui étaient malades. On ne la voyait jamais que vêtue de son costume spécial.

Elle était assez belle. Hautaine et distante, elle parlait parfois, avec une discrétion affectée, du « ciel », et de la « patrie », et se vantait d'avoir récupéré, pendant la guerre, nombre de soldats pour la défense nationale : « Vous nous guérissez trop vite, avec vos bains de soleil », lui disaient-ils. Mais elle était impitoyable. Elle les guérissait quand même.

Quelquefois, elle parlait des études qu'elle avait

faites au lycée de jeunes filles d'Avignon, et de son père officier. L'index de sa main droite portait en bague une rose de diamant, qu'elle faisait miroiter quand elle donnait une piqûre ou une injection.

Elle était fière de la villa des Pommes d'Or, et désireuse de lui acquérir une bonne réputation.

Elle faisait de son mieux, ainsi qu'apparemment toutes ses congénères des maisons similaires de Cannes (où il y en a beaucoup) pour évacuer doucement, par la persuasion, ceux de ses pensionnaires qui avaient l'air de vouloir mourir. Il ne fallait pas de morts à la villa des Pommes d'Or.

Quel était le rôle de la toute jeune femme, sa compagne? Était-ce elle qui fournissait le fonds de roulement qui permettait d'attendre le paiement mensuel des pensions? Le capital fixe : vaisselle, meubles, ustensiles, linge, était-il à elle? On n'en savait rien, ou l'on n'en disait rien, à la table d'hôte.

Mais ce capital, ainsi que le fonds de roulement, était insuffisant et rare, à la villa des Pommes d'Or. Seule la table d'hôte était soignée, du moins généralement. Encore y avait-il, au point de vue des menus, des jours un peu creux.

Par ailleurs, le confort élémentaire faisait défaut aux malades.

***

Simple et discret, trop discret, l'opéré du Dr Bruth s'était bien gardé de laisser soupçonner, dans ses lettres à son père, ces lacunes très graves pour un tuberculeux.

Le père, lorsqu'il vint le voir, aux fêtes de Noël, lui en fit doucement reproche, et s'empressa d'acheter les objets essentiels dont le malade avait le plus besoin.

« Cette maison est un enfer pour les malades », écrivait plus tard au père la fille de l'instituteur de Cannes qu'il connaissait, Mlle Guildal. Mlle Guildal, avec un dévouement que rien ne rebutait, se tenait en rapports fréquents avec l'opéré du Dr Bruth.

Elle avait été pendant quelque temps hospitalisée dans un sanatorium.

Elle était compatissante, bonne, infiniment délicate. Elle savait ce que c'était que de souffrir.

***

Ce jugement était d'une justesse qui devait apparaître de plus en plus, à mesure que s'aggravait l'état de santé de ce malheureux.

Son lit n'avait pas d'oreiller, sa chambre, pas de chaise longue. Ses bains de soleil, il les prenait, en novembre et en décembre, en plein air, dans le jardin, au pied de la terrasse, mal abrité du vent par la médiocre tente de toile qui datait de l'époque où les Pommes d'Or étaient un hôpital militaire.

Une vague de froid passa, cet hiver-là, sur Cannes et sur la région ; des orangers, des eucalyptus gelèrent. Chaque pensionnaire devait se chauffer, dans sa chambre, à ses frais. La bonne ou la jeune fille de service apportaient très irrégulièrement, au malade, le bois qu'il payait.

Quand, déjà moribond il fut, sous un mauvais prétexte, relégué dans le petit pavillon des candidats à la mort et des pensionnaires pauvres, le tablier de sa cheminée fonctionnait mal, et le manœuvrer était trop fort pour lui. Il fallait qu'il attendît la bonne pour qu'elle lui fît son feu. Et la bonne, vive et accorte, mais frivole et occupée ailleurs avec quelque pensionnaire, ne venait pas souvent à l'heure, et même oubliait quelquefois de venir.

Nous devons ajouter, afin de faire connaître la vérité, que, dans ce second logis, pauvre et misérable, l'adolescent, dont le ventre, de plus en plus malade et gonflé, oscillait de la diarrhée à la constipation, n'avait pour faire ses besoins, que son seau de toilette, lequel fermait très mal.

C'est ici le lieu de répéter que, toute la nuit, bien que déjà impotent par suite d'une éléphantiasis de la jambe droite, il lui fallait se débrouiller tout seul pendant douze heures : la communication électrique demeurait interrompue, et la sonnette était sans utilité.

En voyant cet abandon et ce désarroi cruels dont, par excès de discrétion, le malade n'avait rien voulu dire dans ses lettres, le père se hâta de faire venir auprès du fils, la mère. Puis lui-même demanda un congé, et, de nouveau, accourut. Tous deux, le père et la mère, unissant leurs efforts, s'appliquèrent de leur mieux à pallier ces défauts, à combler ces lacunes, à épargner au malade, déjà à demi-moribond, les plus sensibles de ces misères prétendues petites, mais combien pénibles, combien pesantes pour un tuberculeux devenu presque infirme !

On remisait, selon l'heure, sur la fenêtre ou sur l'escalier extérieur, qui donnaient tous deux sur le jardin solitaire, le seau de toilette aussitôt qu'il avait servi aux besoins naturels. On allait acheter du bois et des pommes de pin chez le plus proche marchand. On faisait à l'adolescent ce feu qu'il ne pouvait plus ni disposer, ni allumer lui-même. On prenait pour lui, à la cuisine — il fallait traverser l'extrémité est de la terrasse — l'eau chaude ou les aliments : car, pendant le dernier mois et demi, il ne fit plus que de très rares apparitions à la table d'hôte.

La nuit, les parents couchaient, chacun à son tour, dans un mauvais petit lit de fortune, installé dans un coin de la pauvre chambre, et donnaient au patient les mille soins dont il avait besoin, mais dont, avant leur arrivée, il fallait bien qu'il se passât. Celui des deux parents qui ne veillait pas le malade dormait la nuit dans un hôtel de la ville.

L'infirmière ne faisait qu'une visite, le matin ; rarement une seconde l'après-midi, pour prendre la température du malade (finalement inférieure à la normale) ou pour donner la piqûre de morphine.

C'étaient, pour le père et la mère, de grosses, de très grosses fatigues. Mais ils avaient, pour les supporter sans défaillance, cette pensée secrète, et toujours présente : que leur fils avait souffert tout seul, pendant un mois et demi, qu'il souffrait encore infiniment plus qu'eux, et qu'il ne laissait jamais tomber une seule plainte, un seul mot de découragement.

***

Ici l'on m'objectera : « Pourquoi ne changeait-il pas de villa? »

La réponse est aisée : Quelle est la villa de santé qui eût consenti à se charger du moribond?

D'ailleurs toutes les villas de santé de Cannes, sauf de très rares exceptions, se valent. Dans ce pays de soleil, de beauté, de luxe, et de plaisir, il n'y a pas, à proprement parler, de sanatorium.

Chaque jour amenait quelque incident ou quelque accident de santé chez cet adolescent, et souvent cet accident était grave. Dans ces tristes, dans ces affreuses conditions, chercher une autre maison était, pour ses parents, chose singulièrement difficile.

Ils allaient au plus pressé : épargner à leur enfant des souffrances quotidiennes, et retarder, dans la mesure du possible, l'approche évidente, flagrante de la mort.

Hélas! Mlle Guildal n'avait que trop raison : La villa des Pommes d'Or, où le disciple du Dr Bruth avait placé la victime de son maître, était vraiment un enfer pour les malades.

***

C'est dans cet enfer que, très patiemment, sans jamais se plaindre une seule fois, le jeune lauréat de l'École Normale Supérieure passa les trois derniers mois de sa vie.

C'est là qu'il mourut dans des conditions lamentables.

Et si je n'ajoute pas : « C'est là qu'il fut mis au cercueil », on verra bientôt pourquoi.

XXIII

LE CASTRÉ A CANNES

Mais revenons un peu en arrière, afin de nous occuper du principal dichotomiste, du Dr Bruth, et de noter, de lui, une ruse inqualifiable, qui sera relatée en détail un peu plus loin. C'est le 15 novembre que l'opéré est installé à la villa des Pommes d'Or par son frère aîné, qui est de retour à Paris le 19, et qui fait au père un rapport favorable sur la villa, sur son infirmière, et sur le Dr Casanère : la villa est dans un site parfait ; l'infirmière et le médecin ont fait bonne impression.

Le frère aîné avait-il mis dans ses paroles plus d'optimisme qu'il n'y en avait dans sa pensée? Avait-il voulu rassurer son père?

Toujours est-il que la tranquillité qu'il avait inspirée au père fit bientôt place à de vives inquiétudes relativement à la situation de l'opéré, dont les lettres d'ailleurs trop discrètes, révélaient divers incidents de santé.

C'étaient des accès de fièvre, des douleurs d'intestins ; l'appétit était très inégal, et généralement faible ; le ventre ballonné, et dur au contact. Les nuits étaient mauvaises.

Quant à la beauté du site, de la vue sur Cannes et son port, sur le golfe de la Napoule, sur les croupes irrégulières de l'Esterel, le malade n'en disait pas un seul mot dans ses lettres. Ce jeune homme de dix-neuf ans, dont le goût esthétique était si développé, et qui avait terminé sa composition de philosophie de l'École Normale Supérieure par cette phrase : « Le monde n'a pas de sens pour le savant, mais il en a un pour l'artiste » avait cessé d'être sensible à la beauté des choses. Il était déjà mort à ces impressions délicates et charmantes. Ce n'était plus que l'ombre de lui-même : son fantôme.

Son état de délabrement physique, dès cette époque, était tel que pas une seule fois il n'eut je ne dirai pas le désir, mais même la simple pensée d'aller visiter la ville de Cannes qu'il voyait, de sa fenêtre ou du bord de la terrasse, étendue à ses pieds, aussitôt après le vallon verdoyant et parfumé du Riou. Ni les allées de palmiers, ni le port, ni la mer, ni la montagne ne le tentèrent jamais. Et cependant, tout jeune, sept ans auparavant, il avait fait, en compagnie de son père et de son frère, dans la partie méridionale de la vallée du Rhône, une excursion cycliste qui avait laissé dans son imagination un enchantement profond.

Pas une seule fois il ne sortit de la villa des Pommes d'Or, sinon pour aller, rarement d'ailleurs, faire quelques achats dans une épicerie à vingt mètres du portail.

Il ne visita ni Cannes, ni ses environs immédiats.

XXIV

L'ÉLÉPHANTIASIS DE LA JAMBE DROITE

La maladie fit des progrès rapides. C'était le 15 novembre qu'on l'avait installé à la villa des Pommes d'Or. Dès le 21, donc six jours après son arrivée, il signalait un fait nouveau qui donnait beaucoup à craindre pour un proche avenir : il avait constaté que sa jambe droite (la jambe du côté de la castration), était enflée sensiblement.

Vite, le père répondit à son fils pour le rassurer de son mieux, le prier de patienter un peu, et lui annoncer sa visite pour les fêtes de Noël et du premier de l'an.

En même temps, sans le dire à son fils, le père écrivait au Dr Casanère, afin de lui demander l'explication de cette enflure.

La réponse du docteur arriva huit jours après, le 3 décembre, non datée. Avait-il pris, dans l'intervalle, l'avis de son maître, Bruth? Toujours est-il qu'il ne donnait pas l'explication demandée, et qu'il annonçait deux faits nouveaux : des « mouvements fébriles », et le recommencement de la suppuration, à la cicatrice opératoire.

En réalité, il s'agissait de tout autre chose que d'une simple suppuration de la cicatrice opératoire. En effet, en même temps que la jambe enflait, une grosseur, ou plutôt un gonflement local qui ne fit que croître jusqu'à la mort, se dessinait sur l'aîne droite, — siège des deux opérations antérieures —, s'allongeait obliquement, et formait un véritable boudin qui partait de la hanche et descendait jusqu'au scrotum, jusqu'à la bourse vide de son testicule.

Et cette formation anormale, dont le père n'eut connaissance qu'un mois plus tard, lors de son voyage à Cannes, expliquait, au point de vue physiologique, l'enflure de la jambe.

En effet, écrit le Dr J. Duclos (*Presse Médicale* du 2 juillet 1924, page 564), à propos d'un cas d'éléphantiasis du sein consécutif à un évidement ganglionnaire de l'aisselle, « ces stases (ou arrêts de la circulation) précoces peuvent très bien, en dehors de toute infection être provoquées par l'ablation des collecteurs lymphatiques d'un organe ». Dans le cas commenté par le Dr J. Duclos, il s'agit d'une femme qu'on a opérée d'une formation néoplasique (cancéreuse) de l'aisselle. Avant cette opération, qui comporta l'ablation des ganglions lymphatiques de la dite aisselle, le sein était normal. Trois jours après l'opération, il commença à se gonfler, à s'œdématiser. Bientôt, ce fut un véritable « état éléphantiasique du sein ».

Rien de plus naturel : en effet, on lit dans le *Nouveau Traité de chirurgie* de Le Dentu et Delbet, à la date de 1916 (tome XXXII, page 60) que l'éléphantiasis « est l'exagération de l'œdème (ou gonflement des tissus) lymphatique ; il n'a pas une cause pathologique univoque ; il peut être consécutif à tout ce qui apporte un obstacle à la circulation de la lymphe ».

Or, au moment de la castration, le 29 juillet, le Dr Bruth avait supprimé, sans en rien dire au père (il n'en fit la déclaration que plus tard), deux gros ganglions de l'aîne, qui étaient affirma-t-il depuis, totalement tuberculisés.

En supprima-t-il d'autres lorsque, trois mois plus tard, il excisa la double tumeur qui avait poussé exactement au même endroit, et que — sans en rien dire non plus au père sur le moment — il stérilisa au thermocautère toute la plaie opératoire et son voisinage intérieur, le 23 octobre?

Toujours est-il que les deux phénomènes pathologiques : formation d'un œdème allongé, d'un « boudin », à l'aîne droite, et gonflement éléphantiasique de la jambe droite, étaient liés étroitement l'un à l'autre : l'un était la cause, et l'autre, l'effet.

***

Ce gonflement éléphantiasique est opérable, ou, du moins, on l'opère quelquefois. Le procédé opératoire consiste à suppléer, quand il s'agit de la jambe, aux ganglions excisés ou incapables de fonctionner, par un moyen de fortune : on pose sous la peau, à poste fixe, des drains creux en caoutchouc qui s'ouvrent, en bas, dans les muscles de la cuisse, en haut, dans ceux de la paroi abdominale. On affirme qu'une guérison relative est ainsi obtenue, le liquide lymphatique de la jambe finissant par trouver ainsi une issue factice, mais suffisante. L'éléphantiasis disparaît en partie, et la jambe peut reprendre dans une certaine mesure sa fonction locomotrice.

***

Est-ce que le Dr Bruth, médecin agrégé de la Faculté de Médecine, chirurgien très averti, et qui enseigna pendant plusieurs années l'anatomie aux étudiants, avait prévu ces complications?

Les avait-il, oui ou non, redoutées? Savait-il qu'en procédant ainsi qu'il fit, en supprimant deux ganglions lors de la première opération, et en promenant, lors de la seconde, le thermo-cautère à l'intérieur, dans les environs de la plaie opératoire, il exposait le patient à une nouvelle opération, pour cause d'œdème ou d'éléphantiasis?

L'induction nous permet d'entrevoir ce qui se passe dans la conscience d'un chirurgien perverti, corrompu à fond par une longue pratique impunie de la dichotomie. Nous ne faisons pas une hypothèse, si rationnelle, si vraisemblable qu'elle puisse être.

Nous ne tenons compte que des faits.

Or, le fait, en l'espèce, est que le Dr Bruth songea à faire une troisième opération sur son lamentable castré. Et son disciple, son ancien élève, le Dr Casanère, de Cannes, se montra très favorable à cet invraisemblable, mais trop réel projet.

Nous donnons ici quelques preuves de cette prodigieuse corruption morale, qui nous révèle, dans ce haut personnage officiel, un dangereux gredin.

XXV

« N'ALLEZ PAS A CANNES : MOI J'Y VAIS »

Voici la première.

Le père avait été fort alarmé par la lettre du Dr Casanère, de Cannes, qui lui était arrivée à Paris le 23 novembre. Les lettres suivantes, venant du malade lui-même, furent moins rassurantes encore.

Une d'entre elles, du 28 novembre, annonçait qu'il gardait le lit, qu'il était constipé, et qu'il éprouvait de vives douleurs d'intestins. Il avait fait appeler le Dr Casanère, qui lui fit, spontanément, une seconde visite, et modifia son traitement.

Une seconde lettre du malade indiquait un peu de mieux, mais disait en même temps que l'enflure de la jambe s'accentuait. Le père écrivait au malade presque quotidiennement, et lui faisait prévoir sa prochaine arrivée : à Noël, il le verrait. On aviserait, au besoin, à changer de traitement. Patience, il n'y a plus que peu de jours à attendre.

Et le fils témoignait une grande joie, un véritable soulagement à cette nouvelle.

***

Le 11 décembre, le père alla voir le Dr Bruth, afin de lui faire part de ses craintes, et de recueillir son opinion.

— Vous voulez aller à Cannes, lui dit l'homme? A quoi bon? La saison est mauvaise, le voyage coûte cher. Réservez-vous pour les vacances de Pâques. Moi, je vais à Cannes pour les fêtes de Noël et du premier de l'an (le chirurgien profitait sans doute des billets à prix réduit qu'un périodique médical met à cette époque de l'année à la disposition des médecins et de leur famille). Je verrai le Dr Casanère, mon ancien élève et mon ami. Je verrai aussi votre fils. Je vous rapporterai de ses nouvelles. Je vous remplacerai auprès de lui. Je lui annoncerai votre visite pour Pâques... »

Cette proposition inattendue parut être plus qu'étrange au père, et singulièrement alarmante.

Dans les quelques mots de conversation qui avaient précédé, comme il faisait naïvement part de ses inquiétudes au chirurgien, sans marquer à son égard le moindre soupçon (il n'en avait alors aucun, du moins qui fût fortement assis), le dichotomiste lui avait adressé cette phrase surprenante : « De quoi vous plaignez-vous? Votre fils est traité là-bas comme un petit riche ».

Ce n'est pas tout. Voici autre chose encore.

Quand le père lui parla, vers le même moment, de la lettre que lui avait répondu le Dr Casanère, et qu'il lui eût dit qu'elle était peu explicite, le Dr Bruth lui avait répliqué : « J'avais écrit au Dr Casanère que vous êtes un travailleur (le père était alors professeur de première dans un lycée de Paris), et qu'il ne convenait pas de vous alarmer. » Puis il avait ajouté : « Au reste, vous pouvez avoir toute confiance en lui. Il est d'une riche famille cannaise. Ce n'est pas un homme d'argent. »

Toutes ces fausses notes avaient mis le père mal à son aise, et lui donnaient beaucoup à penser.

Au conseil d'attendre les vacances de Pâques pour aller voir son fils, et de s'en rapporter à lui, Dr Bruth, pour le présent, il ne fit aucune réponse. Mais sa résolution était prise, et bien prise : il irait à Cannes, à Noël, voir son fils.

XXVI

« VOUS AVEZ UNE HERNIE »

Dans cette même visite féconde en surprises inquiétantes, le père demanda une consultation pour lui-même.

Il vivait, depuis la première opération infligée à son fils par le chirurgien, dans un état d'angoisse continuelle.

Cette angoisse était encore très gravement accrue par les dernières nouvelles arrivées de Cannes.

Il se sentait le corps brisé, et se figurait qu'il était pris à son tour, du mal de son fils. Avait-il donc, lui aussi, une orchite tuberculeuse?

Le Dr Bruth le tâta, l'examina sommairement : « Non, dit-il : ce que vous éprouvez, ou croyez éprouver dans la région des bourses, est un effet de votre fatigue physique. C'est aussi un effet du travail de votre imagination. Il n'y a pas chez vous d'orchite tuberculeuse. »

« Mais ce qu'il y a, c'est là, à gauche, un commencement de hernie inguinale : *je la sens crisser sous mon doigt*. Allez chez ce bangadiste, rue Richelieu : présentez-vous chez lui de ma part, en mon nom. Il vous servira au mieux. »

Ces paroles rappelèrent au père la commande de deux bouteilles d'huile de foie de morue qu'il avait faite, un mois et demi au-paravant, à une maison également désignée par le Dr Bruth, et en son nom, pour son fils, qui déjà ne pouvait plus digérer.

En parlant ainsi, le Dr Bruth rédigeait une adresse sur un papier qu'il lui tendit.

Il ajouta : « Je me contente de trente francs pour cette consultation ».

Le père paya les trente francs.

Ces incidents inattendus avaient-ils réussi à faire

enfin la lumière dans son esprit, et à lui révéler derrière le masque hautain, autoritaire et impérieux du Dr Bruth, la véritable figure du sinistre gredin qui, pour un peu ou pour beaucoup d'argent, tuait en plusieurs fois les malheureux qui se confiaient à lui?

Pas encore. Mais il se sentait assailli de doutes et de soupçons. Les deux opérations qu'avait subies son fils cadet commençaient à lui apparaître sous un jour affreux, surtout la castration.

***

Il usa de ruse, pour la première fois de sa vie, en pareille matière.

Il alla voir le Dr Brouties, sans lui dire un mot de cette consultation : « Docteur, veuillez m'examiner : n'aurais-je pas une hernie? » Le Dr Brouties le palpa dans tous les sens : « Pure imagination ! Vous n'avez rien du tout » lui répondit-il.

Un peu plus tard, il alla consulter un autre urologiste, le Dr Lezinski. Il lui posa la même question, sans dire un mot de sa visite au Dr Bruth et au Dr Brouties : « Docteur, n'aurais-je pas un commencement de hernie? » Le Dr Lezinski l'examina, le tâta, le palpa : « Vous n'avez rien du tout ».

Comme le père le connaissait assez familièrement, il lui révéla le diagnostic du Dr Bruth.

Le Dr Lezinski ne lui répondit rien sur le moment.

Mais à quelque temps de là, aussitôt après la mort de son fils, le père vint le revoir, excédé de fatigue.

Le Dr Lezinski lui dit : « Faites faire l'analyse de vos urines, à tel établissement (avantageusement connu). On vous demandera quarante francs. Mais on m'en rendra, à moi, vingt en bon de la poste. Ces vingt francs, je vous les restituerai ».

— Mais, Docteur...

— Si ! j'y tiens.

A la visite suivante, le Dr Lezinski tendit au père un bon de poste de vingt francs, et l'obligea à l'accepter.

Il voulait que sa démonstration du fait dichotomique fût parfaite.

XXVII

ON RELÈGUE LE CASTRÉ DANS LE PETIT PAVILLON

Le 21 décembre, le père écrivait à son fils qu'il aurait prochainement le grand bonheur d'aller le voir à Cannes. Il y arrivait le 24.

Son fils l'attendait dans sa chambre.

Dans sa nouvelle chambre. Car Mlle Routinel venait, ainsi que nous l'avons vu plus haut, de lui faire quitter, sous quelque prétexte à peu près décent, la pièce qu'il avait jusqu'alors occupée au premier étage du grand bâtiment.

Il était maintenant logé au rez-de-chaussée du petit pavillon, celui des candidats à la mort. Mais il ignorait que le logis eût cette destination, ou du moins, il ne laissait pas paraître qu'il devinât la vérité.

Chambre petite, et des plus modestes. Deux lits : un grand et un petit. Au Sud, fenêtre sur le jardin. Deux entrées : une sur le vestibule, au Nord, l'autre sur le corridor, à l'Est. La première est condamnée, et mal dissimulée par un léger rideau-tenture.

Ameublement improvisé, très insuffisant : sur le pavé, un tapis tout neuf, mais mince et inconfortable. Une cheminée dont le tablier se manœuvre mal, à très grande peine. Le malade n'a plus la force de le relever : il faut, pour cela, compter sur la bonne, qui, généralement vient tard, ou même ne vient pas du tout.

Aux lits, pas d'oreiller. Immédiatement, le père en fit venir un de Paris. Pas de chaise percée, pour ce malade qui oscille constamment de la constipation à la diarrhée, et dont le ventre est gonflé, bosselé, et douloureusement tendu. Pas de cabinets dans le pavillon : rien que le seau de toilette, qu'au besoin on éloigne en le déposant soit sur le palier de l'escalier, si c'est la nuit, soit sur le rebord extérieur de la fenêtre.

Le pavillon, bien que tout proche du grand bâtiment, et accolé à l'angle sud-est de la terrasse, est isolé et peu fréquenté : c'est un petit monde à part, négligé, dédaigné.

Le père va acheter immédiatement pour le malade un bassin et un urinal.

La première nuit, le fils exige qu'il couche dans le grand lit, et, d'autorité, prend pour lui le petit. Mais il y renonce pour la nuit suivante. Les ressorts, inégaux et fatigués, ont beaucoup fait souffrir son pauvre corps maigre, et sa jambe droite déjà énorme.

***

On cause, et le père apprend ainsi des choses que, trop discrètement, afin de ne pas l'inquiéter, son fils lui cachait lorsqu'il lui écrivait.

Le père a vite fait de comprendre que la villa n'est bonne que pour ceux des pensionnaires qui ne sont pas malades, et que l'infirmière est plus souvent en ville, en compagnie de la toute jeune directrice, qu'à son poste de garde et de surveillance.

Les pensionnaires, à l'exception de trois, sont des gens en bonne santé, ou des malades imaginaires. Les vrais malades sont mal vus parmi eux.

Le service, sauf à table, laisse beaucoup à désirer. L'unique bonne néglige tout à fait les malades, ou ne les sert que négligemment, à regret, et de fort mauvaise grâce : une des raisons invoquées pour reléguer le jeune homme dans le petit pavillon, c'est qu'il faisait trop de bruit, la nuit, en allant à sa chaise percée. Quelques jours auparavant, la bonne la lui avait retirée de sa propre autorité. C'était elle qui dirigeait tout, selon son caprice, ou ses vues personnelles. L'infirmière diplômée ne donnait à sa maison qu'une attention distraite. Elle était presque toujours en ville. On sait déjà que le soir, dès neuf heures, la sonnerie électrique placée dans chacune des chambres cessait de fonctionner.

Quant au Dr Casanère, l'élève et l'ami du Dr Bruth, il ne venait à la villa des Pommes d'Or que sur l'appel des malades ou des pensionnaires. Mais Mlle Routinel lui témoignait beaucoup de considération, peut-être à cause de sa situation personnelle et politique. Présent, il parlait en chef, mais il était rarement présent. Lui parti, ses instructions devenaient lettre morte. C'est tout juste si l'on exécutait ses ordonnances, qui d'ailleurs, dans leur ensemble, étaient décousues, et ne révélaient pas une méthode suivie et ferme.

En somme, singulière maison de santé. « Quand Mlle Routinel et sa jeune amie la fondèrent, me dit un vieux Cannais que je connaissais, je fus un peu surpris. Ce n'est pas cela que j'attendais d'elles ».

« Et tes bains de soleil, où les prends-tu? », demanda le père. Son fils lui montra, dans le jardin, au pied de la terrasse, une tente usagée et inconfortable, surtout en cette saison d'hiver : « C'est là. Mais j'en ai pris peu, et j'ai interrompu cette cure, en raison de la température et de ma santé. »

***

Pauvre santé !

Elle était beaucoup plus que compromise. La jambe droite, déjà énorme, rendait la marche de plus en plus difficile, et fatigante. Elle ne permettait pas au jeune homme de se baisser pour faire jouer le rideau de sa cheminée, qui d'ailleurs fonctionnait difficilement.

Tout le long de son aîne droite, du côté de la double opération (castration, puis excision de deux tumeurs jumelles) régnait, ainsi qu'on le sait, un gros « boudin » qui allait de la hanche au scrotum (ou bourse). Sur la peau de ce boudin, blanche, lisse, et tendue, se dessinait un gros réseau de veines bleues. On a vu que cet œdème avait fait son apparition en même temps que l'enflure progressive de la jambe droite, dont il était la cause, ou du moins, l'une des causes.

Sur tout le côté droit de l'abdomen et du thorax, se montrait un réseau bleuâtre de veines gonflées, veines qui, à l'état normal, demeurent minuscules et inaperçues : c'est ce qu'on appelle l'établissement d'une circulation collatérale, venant remplacer la circulation normale. Cette circulation collatérale prouvait que le foie était atteint par la tuberculose. A ce moment du développement du mal, écrit le Dr Galtier-Boissière (page 454 du *Larousse Médical Illustré*), « on voit se développer les veines qui se trouvent sous la peau du ventre, et par lesquelles circule le sang qui ne peut plus passer par la veine porte (veine qui conduit au foie le sang venant des intestins, c'est-à-dire contenant une partie des aliments transformés par la digestion. Cette veine se ramifie dans le foie en vaisseaux capillaires qui aboutissent aux veines sus-hépatiques) ».

Ces veines de remplacement auraient d'après le *Manuel d'Embryologie*, de Champy (page 210), une origine embryologique : ce seraient les restes des veines cardinales supérieures du fœtus.

Le Dr Maurange, dans son livre synoptique sur la péritonite tuberculeuse, résume ainsi le processus pathologique dont cette circulation collatérale est l'indice : occlusion intestinale ; hépatite (inflammation du foie) interstitielle tuberculeuse ; compression des voies biliaires.

Quand le malade en est à ce point, le ventre est gonflé à pleine peau, dur, bosselé ; le sujet oscille sans cesse entre la constipation et la diarrhée, diarrhée qui, au stade ultime, quand il y a occlusion intestinale, se change en vomissements de matière fécale ; l'appétit est très irrégulier, mais, au total, inférieur à la moyenne, malgré des accès de boulimie, ou faim exagérée.

Le jour de Noël, comme le malade avait mangé en abondance, et fait grand honneur au menu, d'ailleurs très riche, de la table d'hôte, le père demanda doucement à son fils s'il n'avait pas été un peu imprudent : « C'est, lui répondit-le malade, afin d'être plus sûr que cela passe. Je n'ai maintenant cette sécurité que lorsque je mange trop. »

On voit qu'il y avait déjà commencement d'occlusion intestinale.

XXVIII

ÉCHEC A LA TROISIÈME OPÉRATION

Une conversation, prudente et circonspecte, engagée sur ce sujet, fit découvrir au père que le Dr Casanère et Mlle Routinel, le médecin et l'infirmière des Pommes d'Or, avaient préparé le malade à l'idée d'une troisième opération, et que le malade, courageux au possible, acceptait cette éventualité.

De quelle opération s'agissait-il donc?

Est-ce que le Dr Bruth (car l'opérateur, c'était lui : il était en correspondance suivie avec son disciple le Dr Casanère, et, de plus, à cette date, il était déjà arrivé à Cannes), est-ce que le dichotomiste se proposait d'opérer l'œdème, l'éléphantiasis de la jambe droite, au moyen de drains sous-cutanés établissant, entre les muscles de la cuisse et ceux de l'abdomen, un passage pour la lymphe? Où se préparait-il à taillader une seconde fois, et à exciser partiellement la tumeur inguinale qui avait reparu après la seconde opération (ablation des deux tumeurs jumelles), et s'était allongée en forme de boudin sur toute la longueur de l'aine droite? Ou bien encore voulait-il réduire, ou faire semblant de réduire le commencement d'occlusion intestinale dont souffrait de plus en plus le bi-opéré?

Le proche avenir apportera-t-il une réponse à ces questions?

Le père, qui commençait à avoir des doutes très précis sur la probité du Dr Bruth, dissuada son fils doucement, mais très nettement.

D'ailleurs, il résolut d'en avoir le cœur net, en interrogeant l'infirmière et le Dr Casanère.

Il commença par l'infirmière, à qui il fit visite seul, sans son fils. La réponse fut évasive, et l'attitude de cette femme, peu satisfaisante, De toute évidence, elle ne portait qu'un intérêt médiocre à ses malades, et avait d'autres préoccupations en tête.

Ensuite, visite au médecin, rue d'Antibes. Riche et sévère appartement. Le médecin est jeune : une quarantaine d'années, courtois, sympathique, délicat, et même bon, ou, du moins, sensible.

C'était visible dès le premier abord, et la suite ne fit que confirmer cette impression. Mais la médecine était le moindre de ses soucis. Ses préférences allaient à la politique, à la musique, aux arts, aux relations mondaines, peut-être aux aventures sentimentales, et très certainement à la prospérité du Casino : il était un peu le ministre des Beaux-Arts de Cannes. Il appuyait de son autorité et de sa protection les initiatives d'un impresario fameux, du moins dans certain milieu, par ses relations avec le roi d'un pays voisin, homme de plaisir et de galanteries.

***

Au cours de cette visite, le Dr Casanère se montra surtout occupé, peut-être même préoccupé de son maître, le Dr Bruth, alors hôte passager de Cannes : « C'est un fort honnête homme, dit-il au père qui ne s'attendait guère à cette déclaration, et ne l'avait nullement provoquée ; il lui est arrivé d être calomnié. »

Le père ne répondit à cette déclaration que par quelques vagues paroles de politesse, puis mit la conversation sur l'opération projetée. Le Dr Casanère ne fit point de réponse directe à la question posée, mais se déclara résolument partisan des opérations chirurgicales. Il déclara, avec douceur et courtoisie, mais aussi avec une trop visible intention d'apologie en faveur de Bruth : « Si mon fils était comme le vôtre ; si, de plus, il était à l'article de la mort ; si l'intervention chirurgicale présentait une seule et unique chance de salut, je le ferais opérer. » Et il insista, sans que rien, soit dans ses termes, soit dans son ton, voulût être et fût désobligeant : « *Je le ferais porter mourant sur la table d'opération.* »

Comme le Dr Casanère avait déjà vu, et sans doute plus d'une fois, le Dr Bruth depuis son arrivée à Cannes, le père crut distinguer, dans les paroles qu'il venait de prononcer, le reflet immédiat des préoccupations présentes du Dr Bruth.

Que voulait donc le Dr Bruth?

Mettre à couvert sa responsabilité, engagée par les deux opérations pratiquées sur le jeune normalien, et l'abriter derrière celle du Dr Casanère? Ou gagner l'argent d'une troisième opération? Ou bien ces deux choses en même temps?

Qui est-ce qui connaît tous les détours de l'âme d'un dichotomiste invétéré et besogneux?

Le père n'insista point, parla d'autre chose, et puis s'en retourna rejoindre son fils.

Sa décision était prise : il n'y aurait pas de troisième opération.

C'était déjà trop, beaucoup trop — il en avait maintenant la claire et cruelle intuition — d'avoir consenti à la seconde (l'excision des tumeurs jumelles), et surtout à la première, la castration.

Le père commençait à se juger, et à se condamner très sévèrement : il s'était laissé duper, jouer, berner dans une question dont l'enjeu était la vie de son fils, de ce fils éperdu de bon vouloir, de droiture et de confiance.

***

Il comprenait enfin pourquoi le Dr Bruth avait dirigé le malade sur Cannes; pourquoi il avait fait rompre les pourparlers entamés, par les soins de l'instituteur, M. Guildal, avec la maison de santé de la route de Fréjus; pourquoi il avait confié le bi-opéré à son élève, disciple et ami, le Dr Casanère, et pourquoi le malheureux malade était allé s'échouer à la villa des Pommes d'Or, cet « *enfer des vrais malades* », selon la très juste expression de l'indulgente et très bonne Mlle Guildal.

Les visites de cette dernière, contrariées par Mlle Routinel, l'infirmière, étaient devenues, par nécessité, de plus en plus brèves, et de plus en plus rares. Mais elle en avait assez vu pour avoir le droit et le devoir de dire au père cette cruelle vérité.

XXIX

LA DERNIÈRE VISITE DU Dr BRUTH

Le Dr Bruth vint à la villa des Pommes d'Or un des derniers jours de décembre. Toilette soignée. Complet veston noir neuf, pardessus sombre. La rosette à la boutonnière. Visage régulier, insignifiant et dur. Regard clair, mais impénétrable : l'âme n'y apparaissait point. Cheveux grisonnants, rares, et demi-courts, petite moustache, barbiche aiguë.

Il était cérémonieusement accompagné de son élève et ami, le Dr Casanère, vêtu avec recherche, et ganté, et de l'ex-infirmière de guerre, Mlle Routinel, déférente et solennelle, drapée dans sa cape de laine brune, la bague en brillants sur l'index de la main droite.

Le bi-opéré était à demi-couché sur son fauteuil. Tout se passa avec une courtoisie irréprochable, mais glaciale et fausse.

Le père remercia de s'être dérangé cet homme qui, pour gagner lui-même et pour faire gagner au Dr Marius Scapin quelque argent (tout l'argent qu'il avait cru pouvoir tirer décemment de cette affaire), avait mis sciemment et délibérément son fils sur le chemin de la mort, et le suivait jusqu'au bout, afin de l'exploiter pécuniairement jusqu'au bout.

Bien entendu, le Dr Bruth, de même que le père, eurent l'air de ne point se souvenir que le voyage paternel avait été, peu de jours auparavant, très formellement déconseillé par lui, le Dr Bruth.

Quant à la troisième opération projetée, le Dr Bruth avait, sans nul doute, été averti par son ancien élève et ami que le père n'en voulait pas : personne n'y fit la moindre allusion.

Tout le monde, sauf le malade, jouait un rôle de comédie, et parfaitement faux.

Mais si le père prenait, lui aussi, un masque, c'était dans un but pieux et sacré : défendre enfin son fils, mais le défendre sans scandale, et *sans rien révéler au mourant des atroces secrets dichotomiques* qui devaient lui rester cachés jusqu'à la fin.

***

L'examen du malade fut bref, et comme bien on le pense, de pure forme : juste ce qu'il fallait pour lui donner l'impression qu'on s'intéressait à lui, et que son cas n'était pas désespéré.

Le Dr Bruth dit les quelques mots qu'il fallait dire, et prit congé du malade.

On sortit, par le corridor et le vestibule, sur la terrasse. Mlle Routinel se retira, et rentra, très digne, à pas mesurés et lents, dans le grand bâtiment.

Les quelques pensionnaires assis et devisant sur la terrasse se turent et regardèrent avec quelque curiosité et non sans respect, le grand chirurgien de Paris. Ceux-là ne pensaient pas à la dichotomie.

Le père reconduisit les médecins par l'allée des palmiers trapus et feuillus, jusqu'à la porte cochère qui donne sur la route de Grasse.

Avant de le quitter, le Dr Bruth, songeant sans doute au conseil qu'il lui avait donné : « Attendez, pour aller à Cannes, les vacances de Pâques », conseil qui n'avait pas été suivi, lui adressa cette réflexion, debout sous un palmier, près de la bordure de lavande, face à la ville, au port , à la mer, à l'Esterel, dans l'air lumineux, sous le clair soleil, et parmi la joie de ce bel après-midi : « Cela vous fait d'agréables vacances ».

Le père ne s'attendait guère à une semblable pensée, dans un pareil moment.

Elle le choqua profondément et raviva chez lui l'idée, la vision de la mort prochaine qui attendait son fils chéri, frappé sciemment, délibérément de plusieurs blessures fatales, en plein essor de jeunesse et d'intelligence, par le dichotomiste aux « besoins d'argent », et à l'immoralité cynique et incommensurable.

Il eut la présence d'esprit de répondre : « Vous oubliez les nuits que je passe dans la chambre du malade : elles sont horribles. »

Ce fut tout. On se salua. Le père ne revit jamais plus le chirurgien dichotomiste.

Quand il rentra dans la pauvre chambre de son fils, celui-ci lui dit : « Quel bonheur j'ai eu de rencontrer le Dr Bruth ! Que serais-je devenu sans lui? »

— Tu as raison, mon fils, lui répondit son père, très sérieusement.

En effet, il va sans dire qu'il s'était fait une loi de tenir scrupuleusement cachés à son fils les doutes véhéments qu'il avait conçus touchant la probité du Dr Bruth.

***

Jusqu'à sa mort, le jeune homme eut l'absolue certitude qu'il avait été légitimement opéré, en toute correction, en raison de la plus absolue nécessité.

On réussit à lui épargner le supplice du doute, et, à plus forte raison, l'abominable, l'inimaginable supplice de savoir que sa castration était un crime, et qu'il mourait de ce crime-là, consenti, accepté par son père.

LA MORT

XXX

DES GOUTTES DE SANG SUR LA TERRASSE

Samedi, premier janvier. Le soir même, le père doit repartir pour Paris, afin de reprendre sa classe, lundi, dans son lycée.

Il passe son après-midi, sur la terrasse de la villa des Pommes d'Or, avec son fils qui, par exception, va un peu mieux. Toutefois, ce dernier se plaint de vives douleurs dans l'épaule droite. En réalité, c'est le poumon droit qui est atteint par le bacille tuberculeux dans sa partie supérieure, et éprouvé par le froid. On entre un instant dans la chambre pour faire une application de révulsif Boudin, qui calme la douleur.

La chambre n'est pas encore faite.

Et voici venir l'heure du coucher du soleil. Moment dangereux pour les malades qui auraient l'imprudence de rester dehors. Car, à cette saison, à peine le soleil est-il disparu derrière les croupes de l'Estérel, que le froid tombe, un froid subit, humide et vif, qui les pénètre jusqu'aux os, et qui, généralement, les fait tousser.

La bonne qui doit faire la chambre est en retard. Elle achève, au premier étage, la chambre du vieux monsieur. Quand elle aura fini, elle viendra faire celle-ci, puis, une fois cette besogne terminée, elle avertira le père et le fils.

En attendant, ils parlent de l'arrivée prochaine de la mère.

Ils admirent tous deux, le père pour essayer de distraire son fils, le fils pour faire plaisir à son père, le tableau qu'ils ont sous les yeux : Tout au fond, les croupes inégales de l'Esterel. Dans le ciel tout clair, le soleil qui descend, et qui, bientôt, va les atteindre, puis disparaître, caché par elles.

En avant de l'Esterel, s'ouvre et s'étend le panorama de Cannes. Tout au loin, à l'extrême horizon, sous la ligne terminale de l'Esterel, on distingue les flancs de la montagne; au-dessous, les proches collines et les bois de pins; à mi-côte, et en bas, les contreforts, les rochers, les vallons, les villas des bords du golfe, où le père et le fils contemplent, en imagination, le repos, les sports et les plaisirs des riches. Puis, plus près d'eux, la mer bleue, semée de voiles blanches. Plus près encore, en face, un peu à gauche, la partie vieille de la ville, grimpant, parmi les verdures, sur les pentes du mont Chevalier, que couronne la tour carrée et ébréchée du Suchet, et sa longue église, au clocher italien, avec son immense cadran d'horloge.

Sous leurs pieds, le port, la ville récente, et, entre les palmiers, les mimosas fleuris d'or et les eucalyptus, les villas grandes et petites, splendides et modestes, du coteau penché vers la mer...

Partout, le décor de la vie heureuse.

Ils sont tous les deux assis près de la balustrade de la terrasse, amicalement, intimement, coude à coude.

Prudents, les autres pensionnaires sont déjà rentrés. Eux attendent que la chambre soit faite, et que la bonne vienne les avertir.

Ils contemplent ce coin de la Provence délicieuse, sans rien dire, le père, pensant à la mort certaine, et, sans doute prochaine. Lui, pensant à quoi donc? A sa jeunesse, à son succès de l'École Normale Supérieure, à l'avenir?

Ou bien à la mort, lui aussi?

Ils se taisent.

Le soleil baisse, touche le sommet de l'Esterel, puis disparaît derrière les croupes au profil accidenté. Le froid tombe, vif, humide, et subit.

***

Le malade tire un mouchoir de sa poche, et le porte

rapidement à son nez : il saigne; les gouttes tombent, nombreuses, abondantes, pressées.

Il se lève de son fauteuil de rotin, pour regagner sa chambre, que sans doute la bonne est en train de terminer. Mais sa jambe œdématisée s'embarrasse dans les pieds du fauteuil, et le retient. Il est debout. Le mouchoir rougit. Le sang coule à grosses gouttes. La douleur de l'épaule droite, c'est-à-dire du sommet du poumon tuberculisé, se réveille.

Il n'y a personne auprès du groupe, ni sur la terrasse. Le père traverse la cour, entre à la cuisine : personne. Il saisit un bol, l'apporte, le tient sous le nez du malade. Le sang continue à couler. De grosses gouttes rouges tombent dans le bol.

A ce moment, un pensionnaire traverse la terrasse, et, sans que le malade le voie, derrière son dos, ne peut se retenir d'adresser au père un geste de pitié qui touche ce dernier jusqu'au fond du cœur.

Enfin, le flux de sang s'arrête. Le père reporte à la cuisine, où il n'y a toujours personne, le bol rougi du sang précieux, de la liqueur de vie que son fils vient de perdre en abondance.

A ce moment, où donc est l'infirmière diplômée? Où donc, sa toute jeune associée? Qui donc a la garde de la villa et prend soin des malades?

L'enfant rentre lentement, péniblement dans sa chambre. Il est pensivement appuyé au bras de son père. Ce dernier lui lave son visage, déboutonne son veston, son gilet, sa chemise, et applique sur le haut de sa poitrine, à droite, du révulsif Boudin. Puis il allume son feu.

Enfin, l'infirmière est rentrée. Le père va la trouver, la prie, la supplie de donner à son fils tous les soins que réclame sa pauvre santé. Il fait l'impossible pour la toucher, et pour appeler sur le malade un peu de son attention et de sa pitié.

Mais le temps presse. L'heure du train approche. Il faut songer au départ.

Il rejoint son fils : « J'ai vu l'infirmière; tu peux

absolument compter sur elle. Patiente un peu, très peu. Aussitôt que je serai rentré, ta mère partira, viendra te soigner, et ne te quittera pas. »

Il ajouta : « Ne reste jamais dehors après le coucher du soleil. »

Il essayait ainsi d'apporter une diversion, et de donner le change à l'inquiétude qu'il voyait peinte sur son visage pâli, et étrangement maigre.

Mais voici l'heure du départ. Ils se séparèrent, le cœur gros de pensées affreuses qu'ils n'osaient pas s'avouer à eux-mêmes.

***

Le père laissait le malade tout seul, dans la pauvre chambre de son pauvre pavillon, objet sinon d'hostilité, du moins d'indifférence pour la villa des Pommes d'Or.

Ne pourrait-on pas lui assurer un autre asile pour y mourir, et, qui sait? peut-être pour y guérir, ou, du moins, pour y prolonger sa vie?

Malgré tout et en dépit de tout, le père espérait encore.

L'espoir dure autant que la vie de l'être aimé, et, par un phénomène complexe où l'habitude physique est pour beaucoup, tente de survivre à sa mort.

XXXI

ON NE CHANGE PAS DE VILLA

Le père rentra à Paris, reprit sa classe au lycée, et la mère partit pour Cannes. Chaque jour, une lettre mettait le père au courant de la situation : la mort approchait à grand pas.

On s'occupa d'abord de changer de villa : les Pommes d'Or, c'était bon pour les gens bien portants, mais c'était, selon le mot de Mlle Guildal, « l'enfer des malades ».

La maison de santé de la route de Fréjus, avec laquelle l'instituteur de Cannes, M. Guildal, que connaissait le père, avait, au début ouvert des négociations que le Dr Tuffière-Bruth avait fait rompre afin d'imposer au bi-opéré les soins et la surveillance de son ancien élève le Dr Casanère, cette maison de santé consentirait-elle aujourd'hui à accueillir le moribond?

Le moribond, avec son bourrelet étendu en « boudin » sur l'aine droite, l'éléphantiasis de sa jambe droite, qui commençait à gagner la verge, son ventre gonflé, boursouflé, ballonné, sa douleur à l'épaule droite (c'est-à-dire au sommet du poumon), sa maigreur squelettique, ses digestions très inégales, se résolvant trop souvent en vomissements de matière fécale, en un mot, avec tous les stigmates d'une cachexie extrême, et d'une mort imminente ?

Mais il fallait d'abord obtenir le consentement du malade.

Le malade fut inflexible : il répondit par un *non* péremptoire.

Mlle Routinel, femme fort intelligente, et qui avait développé et perfectionné sa psychologie au cours de la guerre (elle était infirmière diplômée), avait su capter la confiance du jeune homme, et lui persuader qu'elle remplissait à son égard tout son devoir, plus que son devoir.

Le malade était d'esprit droit et généreux. Il fermait les yeux aux défauts de la maison, aux lacunes du service, aux duretés de la servante, à la misère de son installation matérielle, à sa relégation dans le petit pavillon, dont il ignorait sans doute la destination, et le caractère d'antichambre du cimetière.

Mlle Routinel venait le voir tous les matins, lui adressait quelques paroles habilement choisies, le traitait avec une affection apparente, lui donnait généreusement les piqûres de morphine qu'il désirait. Il disait d'elle comme de l'horrible Dr Bruth : « Que serais-je devenu sans elle? »

On renonça donc à changer de villa. Mais on fit l'impossible pour améliorer le régime du malade. Sa mère s'y employa tout entière.

Les dernières journées du malheureux lui furent rendues aussi douces que le permettaient l'exiguité et la flagrante insuffisance de la chambre que la « bonne » Mlle Routinel lui avait assignée dans le sinistre pavillon.

Jusqu'au bout, la patience, la douceur, la résignation, l'admirable raison du bi-opéré secondèrent efficacement l'absolu dévouement de la mère.

On ne changea donc pas de villa.

Mais on changea de médecin.

Voici pourquoi, et comment.

XXXII

MAIS ON CHANGE DE MÉDECIN

Aussitôt de retour à Paris, le père alla voir un de ses anciens élèves, M. Lavenir, qui s'était consacré à la médecine. Il lui exposa la situation de son fils, et le mit au courant des faits les plus récents.

M. Lavenir ne lui cacha pas ses appréhensions quant aux suites ultimes des opérations. Mais il lui conseilla d'appeler en consultation, auprès du malade, le Dr Manteau, phtisiologue éminent, qui réside au Cannet. Le Cannet est comme un faubourg, une annexe de Cannes.

Le père écrivit à la mère, qui s'était rendue auprès du fils, de demander d'urgence au Dr Casanère l'autorisation nécessaire pour cette consultation, à laquelle assisterait, bien entendu, le Dr Casanère lui-même.

Le Dr Casanère répondit par un refus poli, mais définitif : il acceptait volontiers l'idée d'appeler en consultation, auprès du malade, un second médecin, mais à condition que ce fût un chirurgien. Il offrit même d'en désigner un.

Cette fois, c'était de la part du disciple, trop de dévouement au Maître, le Dr Bruth. L'intention du Dr Casanère était claire : prouver, par le fait, que le chirurgien avait eu raison d'opérer deux fois le malade : une troisième opération fournissait un semblant de preuve par analogie.

Mais l'abus était évident : il eût été impie de pratiquer une nouvelle opération sur ce moribond.

***

Le Dr Casanère connaissait les règles absurdes de la déontologie interconfraternelle, et savait que le

Dr Manteau ne pouvait pas venir sans son consentement.

Rappelons ce qu'on lit dans la *Déontologie* du Dr Martin (de Lyon), 1re édition, 1914 : « Vous ne devez accepter à aucun prix de donner votre avis (sur un malade qui est en traitement) sans que le médecin traitant ait été convoqué en consultation avec vous. » Le consultant ne pourra « revoir son malade qu'avec l'autorisation expresse du praticien » (pages 32 et 69). Et la *Déontologie* du professeur Verger, de Bordeaux, (1921, page 164), se contente de faire, à ce sujet, cette simple observation : Les règles de la déontologie interconfraternelle « sont souvent inaccessibles aux personnes étrangères au monde médical ; il peut même arriver qu'elles leur apparaissent odieuses et intolérables en ce qui concerne, par exemple, les changements de médecin ».

***

Il y avait tout au moins nécessité morale de changer de médecin. Sans doute le refus du Dr Casanère d'accepter en consultation le Dr Manteau, s'expliquait par son dévouement absolu à l'égard du Dr Bruth. Mais c'était, d'autre part, une sorte de provocation à la rupture : il y aura donc rupture.

Voici le moyen qu'employa le père.

Tout d'abord, il demanda et obtint un congé illimité pour aller soigner son fils.

Puis, il alla trouver M. Cépède, inventeur d'un sérum anti-tuberculeux qui avait alors la vogue, et qui avait guéri ou sensiblement amélioré des personnages notoires de la littérature, du théâtre, ou de la politique. Il lui avait déjà écrit un mois environ après la castration, et en avait reçu une réponse obligeante, mais prudente : « Adressez-vous à un médecin qui consente à appliquer mon sérum, avait dit le Dr Cépède : peut-être pourra-t-il améliorer l'état du malade. »

C'était médiocrement encourageant. Le père attendit.

Mais, cette fois-ci, la solution de la difficulté présente était là : trouver à Cannes un médecin de cette sorte, et lui confier le malade. Le Dr Casanère ne pourrait refuser son consentement, car il suivait, dans le traitement de la tuberculose, la méthode classique, ou du moins il était censé la suivre. En réalité, il n'en suivait aucune, et s'intéressait beaucoup plus à la politique, et aux beaux-arts qu'à la médecine. Le Dr Bruth l'avait désigné uniquement afin d'avoir en lui un défenseur, et de cacher, avec sa complicité, les suites de son crime.

M. Cépède indiqua le Dr Corassecq : ce médecin appliquait son sérum, passait la saison d'hiver à Cannes, et l'été dans une station sanitaire de Normandie.

Aussitôt, le père partit pour Cannes, se mit en rapport avec le Dr Corassecq, et obtint le consentement du Dr Casanère qui lui dit : « Je vais téléphoner à mon confrère (le Dr Corassecq), et le mettre au courant. »

La consultation des deux médecins eut lieu, conformément aux exigences, absurdes et anti-sociales, de la *Déontologie* médicale. Elle fut parfaitement banale et insignifiante.

Mais la transmission des pouvoirs, c'est-à-dire le changement de médecin, était désormais un fait accompli. Et l'on pourrait appeler le Dr Manteau, du Cannet.

Mais on ne le fit point, parce que les événements, c'est-à-dire les signes avant-coureurs de la mort, et la mort elle-même, arrivèrent trop vite.

Mais, en admettant que le malade eût été guérissable, les règles de la *Déontologie*, c'est-à-dire des intérêts d'argent des médecins, *eussent retardé d'un mois* le changement nécessaire, le changement indispensable.

Faut-il accuser le syndicalisme médical de ce crime social ?

Le Dr Verger, professeur de médecine légale à la Faculté de Bordeaux, nous dit que ce syndicalisme est un reste de l'esprit de confrérie, datant du Moyen-Age.

Quelle mauvaise excuse, et combien peu sincère ! Le coupable, c'est le dur égoïsme d'un corps privilégié doté d'un *monopole légal*, et recruté sur une *base censitaire.*

Mais ce n'est point ici le lieu de discuter ces graves et urgentes questions. Il suffit de les signaler aux personnes éprises de vérité sociale et de bien public.

XXXIII

LE NOUVEAU MÉDECIN

Nous ne dirons presque rien du nouveau médecin, le Dr Corassecq.

Il fut franc. « Que pensez-vous de mon fils? » lui demanda le père.

Réponse : « Sur cinq cents chances, il en a une pour guérir, et quatre cent quatre-vingt-dix-neuf pour mourir. »

— C'est bien ; mais faites comme si c'était l'inverse.

Le malade n'avait même plus de fièvre. Il était au-dessous de la température normale.

Mais le Dr Casanère avait fait la leçon à son successeur relativement aux opérations pratiquées par le Dr Bruth.

Dans une conversation particulière, le Dr Corassecq essaya de persuader au père que la castration avait été légitime : « Je ne fais qu'une seule réserve, dit-il : cette opération a été faite trop tard. »

Le père ne répondit pas à cette platitude.

Mais, relativement à la troisième opération projetée, le Dr Corassecq émit cet avis : « On ne trouverait pas un seul chirurgien honnête qui consentît à la faire. »

Le père ne répondit encore rien. Ces sortes de questions étaient devenues sans intérêt présent.

Il surveillait le traitement donné à son fils, qui, visiblement, déclinait, et penchait vers sa fin.

Le Dr Corassecq ordonnait des remèdes rares, recherchés et chers.

Il faisait, sur ce cadavre vivant, des expériences. Un peu brutal et irréfléchi, mais surtout extrêmement vaniteux, il eut l'imprudence inexcusable de le laisser voir au patient, qui se permit de lui dire, très doucement : « Je ne suis pas un singe anthropomorphe ».

— Si vous n'avez pas confiance en moi, je me retire, répliqua le médecin vaniteux ét gaffeur.

Le père intervint, et rétablit la paix. La mort était si proche !

Si proche, qu'on ne pensa plus à consulter le Dr Manteau, du Cannet.

Chaque jour, le Dr Corassecq venait, et faisait comme si le moribond, dont la température était constamment au-dessous de la normale, eût été guérissable.

C'était tout ce qu'on lui demandait.

Il ne s'agissait plus que de voiler, aux yeux du malade, l'approche de l'heure dernière.

XXXIV

LA DERNIÈRE JOIE DU MALADE

Ce fut le 3 février, six mois après la castration, que mourut le bi-opéré du dichotomiste Bruth.

C'était le 26 janvier que son père était revenu à Cannes, et avait changé de médecin.

Ce fut le 21 janvier que le malade éprouva sa dernière joie : sa mère lui acheta une paire de béquilles.

Voici en quelle circonstance.

L'éléphantiasis de sa jambe droite (côté de la castration, et de la seconde opération, pratiquée dans la région inguinale) avait fait des progrès continus.

Un jour que le malade était sorti de la villa des Pommes d'Or pour faire quelque achat, à vingt mètres du portail, dans une petite épicerie, il s'était affaissé sur le trottoir : sa jambe gonflée avait refusé de le porter.

Comme le quartier est presque désert, et qu'il ne passait personne, il lui fallut des minutes et des minutes pour se remettre debout, et pour regagner péniblement, lentement, en tranîant sa pauvre jambe, la pauvre chambre de son pavillon.

Or, il avait vu plusieurs fois passer, à travers le jardin de la villa, au pied de la terrasse, un jeune mutilé de guerre, unijambe, qui regagnait le soir, à vive allure, avec ses béquilles, sa maison située au fond du vallon, sur le Riou.

Cette aisance dans la marche lui fit envie. Il demanda qu'on lui achetât des béquilles, à lui aussi, ce qui fut fait sur l'heure.

Il les reçut avec une vive joie, et, immédiatement, fit plusieurs tours sur la terrasse et dans le jardin, vers le petit bois de chênes verts, et le verger d'orangers.

Le plaisir, l'allégresse du mouvement enfin recouvré, décuplaient ses forces : il traînait vaillamment sa lourde jambe.

Mais ce ne fut qu'un déjeuner de soleil. Quelques jours après, il n'avait même plus la force de placer ses béquilles sous ses aisselles.

Tel fut son dernier plaisir.

***

Disons maintenant sa dernière illusion.

Quelques jours avant sa mort, il vit sur la terrasse de la villa des Pommes d'Or une petite voiture de malade à trois roues, légère et confortable : « Vous m'en louerez une pareille, dit-il à son père et à sa mère, et papa me mènera déjeuner avec lui à son petit hôtel du quai Saint-Pierre, sur le port. J'irai tous les jours, à midi, en même temps que lui. »

Il ne songea même pas à ajouter : « Et ainsi, je verrai la ville, que je ne connais pas. »

Par le fait de la castration impie, ce lauréat de l'École Normale Supérieure n'avait plus qu'une âme de petit enfant. Ses goûts et ses désirs étaient retombés à un niveau élémentaire.

Le père et la mère feignirent immédiatement d'acquiescer à ce vœu, et répondirent au malade qu'il serait fait selon son désir.

Le malheureux en conçut une vive joie dans son âme redevenue enfantine.

Le lendemain, il n'y pensait plus, ou bien, s'étant ressaisi, il s'abstint de reparler de la petite voiture de malade.

XXXV

COMMENT IL MOURUT

Nous épargnons au lecteur qui a bien voulu suivre jusqu'ici ce récit fidèle, mais discret et volontairement modéré, la monotone énumération des souffrances des derniers jours. Mais il ne faut pas oublier que cette monotonie atroce, l'opéré des Drs Marius Scapin et Bruth la subit tout entière, jour par jour, heure par heure, minute par minute.

***

Sa température demeurait au-dessous de la normale. L'appétit était extrêmement irrégulier, et les repas, qu'il prenait dans sa chambre et non plus à la table d'hôte (il était devenu absolument incapable de s'y rendre), très inégaux. L'évacuation se faisait avec constipation, ou, plus souvent, par diarrhées profuses. Il y avait aussi des vomissements de matière fécale, dont l'odeur était atroce. Ce fut son mot : « *Atroce, atroce* ! » dit-il une fois, une seule fois. Et son doux stoïcisme regretta cette plainte, et ne recommença pas.

Ces humiliants vomissements devenaient plus fréquents.

Le corps était d'une maigreur cadavérique, sauf à la jambe droite et au ventre.

Le ventre était gonflé, surtendu, ballonné, inégal et dur.

Le bourrelet ou « boudin » qui s'étendait sur toute la longueur de l'aine droite, dont il remplaçait le pli, était, lui aussi, gonflé à pleine peau. Sur ce bourrelet, la peau était d'un blanc livide et luisant, marbré de veines bleuâtres. La circulation collatérale qui avait envahi tout le côté droit de la face du tronc, commençait là.

Quant à la jambe droite et au pied droit (côté des deux opérations) ils étaient énormes, empâtés, et tout à fait incapables de soutenir le corps, qui pourtant pesait peu.

L'œdème commençait à gagner le devant de la cuisse gauche, et avait gonflé la verge à tel point qu'elle était de grosseur anormale, en forme d'S, et que la miction était très lente.

Pour éviter la gangrène, il fallait, chaque demi-heure, que le père ou la mère prissent la jambe, doucement, et lui fissent opérer des mouvements de flexion et d'extension.

Quant à la maigreur et à la faiblesse du patient, vers la fin, elles étaient telles, qu'il restait, pendant le peu de temps qu'il sommeillait, les yeux ouverts. Les paupières ne pouvaient plus se rejoindre.

***

Jusqu'à quel point le patient avait-il encore la conscience de lui-même, de sa souffrance, et de son horrible malheur?

Il est certain que les piqûres fréquentes de morphine que lui faisait l'infirmière, Mlle Routinel, obnubilaient son vif et profond esprit, et lui procuraient le bienfait d'une euphorie, d'un sentiment de bien-être, factice.

Quelle était, dans cette pauvre âme, qui s'en allait vers le néant, la part d'illusion, la part d'obscurcissement, la part de clairvoyance et de conscience de soi-même?

On ne saurait le dire, car il montra toujours un courage et une discrétion extraordinaires.

Cependant, une dizaine de jours avant de mourir, il fit à sa mère deux aveux qui en disaient long, trop long, sur la nature de ses réflexions intimes.

Voici le premier : « A mon âge, que c'est triste ! »

Et voici l'autre : « Crois-tu qu'on ne serait pas mieux à Hautlieu (son séjour de vacances dans le Loir-et-

Cher), pour s'arranger une petite vie d'impotent, et pour *s'engourdir tout à fait?* »

N'oublions pas que le moribond qui parlait ainsi était, avant la castration, grand, fort, très sportif, faisant en bicyclette de longues courses et de véritables voyages (par exemple, d'Orange à Marseille, par Avignon, le pont du Gard, Nîmes, Arles, la Crau, les Martigues).

Notons bien, surtout, que ce candidat à l'engourdissement définitif venait de se faire recevoir premier à l'École Normale Supérieure, et qu'il était d'un esprit vigoureux et profond, d'une philosophie vive et hardie, dégagée de tout préjugé et de toute métaphysique. Sa morale était altruiste et généreuse, *parce qu'il la voulait telle.* Mais il ne se faisait pas d'illusion, et ne croyait qu'en l'expérience, et qu'en la science, née de l'expérience, élaborée par elle...

***

Nous voici dans la nuit du deux au trois février.

Il mourra à cinq heures trente et une minutes du matin.

Il avait prononcé, dans la journée du 2 février, ces mots désolés, ces mots d'une tristesse affreuse : « *Je ne suis plus rien. Je n'ai même plus la force de crier.* »

Vers la fin de cette dernière journée du 2 février, l'infirmière lui fit une piqûre de morphine.

— « Si vous avez besoin de moi cette nuit, dit-elle au père, seule avec lui dans le corridor, venez me chercher : vous savez que la sonnerie électrique est interrompue la nuit. Ma chambre est dans le grand bâtiment, au second, à telle porte. »

Avant de quitter le malade, après la piqûre, elle avait palpé une de ses oreilles, et en avait examiné la minceur et la transparence. Le malade la laissait faire. Le père aussi, quoique fort surpris. Mais il ne pouvait pas, il ne devait pas, par une intervention qui eût été d'ailleurs calme et polie, attirer l'attention de son fils sur ce que cet examen avait d'indiscret Il garda le silence, par respect pour son admirabl enfant.

***

Bientôt, il y eut un peu de délire, très peu. On enten dit distinctement ces mots : « *Que le terrain soit prêt.* »

S'agissait-il donc du cimetière de campagne o bientôt le cadavre reposera, et pourrira?

Puis ces autres paroles : « *C'était une dame...* ».

Ce fut tout, absolument tout. Son délire n'alla pa plus loin, ne prononça pas un mot de plus, soit pa faiblesse et obnubilation de l'esprit, soit plutôt grâc à l'habitude d'une vie vertueuse, droite et simple.

***

Bientôt le père monta dans le grand bâtiment, a second étage, et pria l'infirmière de descendre.

Quand le mourant la vit entrer, il s'écria, autan qu'il pouvait s'écrier avec l'extrême faiblesse de s voix et de son souffle (en réalité, ce n'était qu'un chu chotement tout juste perceptible) :

— *Oui, viens! D'autres, d'autres!... Dégagez vite Frottez. De l'éther!...* »

Et, comme tous les trois, l'infirmière, la mère e le père s'approchaient, il les appela à deux reprises plus près de lui :

— *Encore! Encore!*

De toute évidence, *il se sentait, il se voyait mourir*

Et, avec le peu de force qu'il y pouvait encore mettre il se raccrochait, il se cramponnait à la vie, en rapprochant de lui, en serrant autour de lui, tout près, plus près, tout ce qu'il y avait de vivant dans la chambre, son père, sa mère, et l'infirmière.

Quelques minutes après, il prononça ces mots dans une hallucination de délire. :

— *Est-ce le curé de campagne?*

***

Qu'est-ce qu'entrevoyait donc à ce moment sa pauvre âme défaillante, et réduite à son extrême minimum de clairvoyance et d'idéation?

Était-ce son enterrement, là-bas, dans le lointain cimetière du village de Hautlieu, où s'étaient toujours passées ses chères vacances? Croyait-il donc qu'on y appellerait le prêtre, et qu'on y sonnerait la cloche, lui qui vécut et qui mourut en philosophe ; lui qui, il n'y avait pas huit jours, lorsque le facteur lui avait remis une bouteille d'eau de Lourdes que lui envoyait sa bonne tante, si croyante, avait exigé doucement, respectueusement, mais avec une impérieuse autorité, que sa mère en jetât le contenu dans le seau de toilette : ce seau qui servait à tous usages dans son pauvre ameublement du petit pavillon des mourants !

Il se trompait.

Pieusement, on respecta sa volonté certaine, indubitable.

Il fut enterré sans chants liturgiques, sans prêtre, sans cloche, dans l'humble cimetière du village de Hautlieu.

Il n'y eut point, à ces simples et décentes obsèques, de « curé de campagne ». Il n'y eut que des gens du bourg, qui suivirent, pensifs, le convoi de ce jeune homme dont la vie avait été si brève, mais si exemplaire.

***

Cette singulière question : « *Est-ce le curé de campagne ?* » furent les dernières paroles qu'articulèrent ses lèvres.

Il ne remua plus. Ses yeux, tout grands ouverts, ne regardaient plus.

Seuls, son cœur et sa poitrine remuaient encore.

On le voyait respirer. Mais si faiblement !

Si faiblement !

Il n'aspirait plus l'air que par un imperceptible

mouvement du haut de la poitrine, tant le diaphragme, en bas, était immobilisé, bloqué, par le gonflement des intestins et du foie. Il n'y avait plus d'à peu près vivant en lui que la partie supérieure du thorax.

Et puis cela aussi s'arrêta et mourut.

Le dernier geste qu'il fit fut un avancement de la mâchoire inférieure, un effort pour aspirer l'air qui n'arrivait plus aux poumons.

Ce fut la fin. Ce fut tout. Il n'y eut plus rien.

Il fut impossible de lui fermer les lèvres et les paupières, tant sa maigreur était extrême, tant la substance de ses muscles était appauvrie.

Il tint ses yeux entr'ouverts et sa bouche tristement souriante jusqu'au cercueil.

Voyons maintenant de quelle étrange façon il fut mis dans son triple cercueil de cadavre destiné à être transporté dans un lointain cimetière.

XXXVI

DANS LE CERCUEIL PROVISOIRE

La ville de Cannes, en tant que ville de luxe, de plaisir, de désœuvrement, n'aime pas la vue des morts. On les lui cache soigneusement.

Meurt-il quelqu'un dans un hôtel, même de rang modeste, et à plus forte raison si c'est un palace? On enlève le cadavre de nuit, à l'insu des payants. « Autrement, s'ils voyaient passer le corps, ils partiraient immédiatement ! Ce serait un scandale », me dit un habitant de Cannes très averti. Ces riches, ces hommes de plaisir, ces femmes de luxe, réunis en bandes et en troupes, sont littéralement féroces.

Il en est des villas dites de santé comme des hôtels : elles ne veulent pas de morts.

Une de ces villas, toute proche des Pommes d'Or, et tenue par une ex-infirmière de guerre décorée de la Légion d'honneur, venait précisément de se débarrasser d'une de ses pensionnaires, jeune fille de Lyon, malade d'une tuberculose des poumons fort avancée, par un procédé un peu leste, et qui avait failli faire scandale : on l'avait persuadée de retourner au pays natal. Docilement, elle était partie, mais était morte dans le train, à quelques kilomètres seulement de Cannes : il avait fallu descendre le cadavre à Saint-Raphaël.

A la villa même des Pommes d'Or, l'infirmière avait essayé de décider, un mois et demi avant sa mort, le jeune bi-opéré à demander à ses parents de revenir au village de Hautlieu. Mais cette suggestion n'eut pas de suites : l'état du blessé — blessé par le Dr Bruth — ne permettait pas le transport.

Quand ce blessé fut mort, le 3 février, six mois après la castration — car il avait résisté six mois, étant fort —

le père s'occupa de rapatrier le cadavre, afin de l'enterrer dans le cimetière de Hautlieu (Loir-et-Cher), dans le voisinage des tombes de la famille.

Il alla voir d'abord Mlle Routinel, qui avait quitté la chambre aussitôt que le jeune homme eut rendu le dernier soupir. Il voulait s'entendre avec elle pour la mise en bière et la levée du corps.

Mais elle prit les devants et lui dit : « Demandez un certificat de mort au Dr Corassecq ; la mise en bière se fera cette nuit, entre une heure et deux heures, selon l'usage... »

— « Je ne veux pas, répliqua le père. Ce sera pour demain matin, pas avant. »

Et le père alla en référer à un habitant de Cannes qu'il connaissait : un parent de Mlle Guildal.

Celui-ci n'ignorait rien des usages de Cannes concernant les morts, mais ne les approuvait pas.

Il revint avec le père, et tous deux conférèrent avec Mlle Routinel, qui se montra inflexible, pour commencer. L'entretien fut calme et courtois, mais on alla au fond des choses.

Le père dit brièvement à l'infirmière tout ce qu'il avait sur le cœur, relativement au traitement des malades dans sa villa : « Tant que mon fils fut vivant, je me suis tu, afin de ne point l'exposer à des représailles qui eussent pu aisément lui être fatales. Mais il est mort : il est à l'abri. »

Et il rappela à Mlle Routinel ce qui s'était passé, il y avait huit ou dix jours, dans le vestibule du petit pavillon.

Au premier étage, venait de mourir la fillette qui était si malade. C'était une voisine pour le jeune homme : il la connaissait bien, elle et sa mère, brave fermière de Picardie, dont le mari s'était enrichi pendant la guerre par la vente des bestiaux, et dont l'infirmière exploitait durement la naïveté et l'inexpérience.

Au cœur même de la nuit qui suivit cette mort, des employés des pompes funèbres vinrent prendre le corps, le descendirent, et procédèrent immédiatement à la mise en bière dans le vestibule : ce vestibule dont la chambre du malade n'était séparée que par une mince cloison, percée d'une porte vitrée qui avait été condamnée, c'est à-dire fermée à clef, mais non pas aveuglée On voyait à travers les vitres et les vitraux la lumière de la lampe électrique qui éclairait les opérateurs. On entendait distinctement le bruit de leurs allées et venues, les paroles qu'ils échangeaient à voix demi haute, le fracas à peine atténué des trois cercueils qu'ils remuaient et manœuvraient. On percevait même le souffle violent et rauque de la lampe à souder, qu'ils promenaient tout autour des bords du cercueil de plomb. A cette heure nocturne, la mère était seule avec le jeune malade — le père étant retourné à Paris provisoirement — pour veiller son fils, et pour faire opérer toutes les demi heures (sauf quand il dormait tout à fait) à la jambe droite énormément gonflée les mouvements de flexion et d'extension destinés à empêcher la gangrène et la pourriture.

Pendant toute la durée de cette scène macabre, le malade sommeillait, ou faisait semblant. La mère tremblait qu'il ne s'éveillât, qu'il n'entendît, qu'il ne comprît. Son supplice dura une bonne demi-heure, largement.

« Cette séance m'a été contée en détail, dit le père à Mlle Routinel : vous ne la recommencerez pas avec le corps de mon fils. Quant aux dommages que vous avez fait payer à la mère de la fillette, femme bonne, naïve, et privée ici de tout soutien, sous prétexte de linge et de chambre souillés par la malade, n'essayez pas de faire à mon égard la même opération. Vous avez, il y a quarante jours, privé mon fils de son appartement à balcon dans le grand bâtiment. Je n'ai pas protesté, parce que mon fils, à cette date, n'était déjà plus transportable, et que je ne voulais pas le changer de villa. Mais je ne vous pardonne pas cette manœuvre. Vous n'aurez pas de moi un centime de supplément. »

L'infirmière ne répliqua rien à cette dernière déclaration. Quant à la mise en bière de la fillette dans le vestibule qu'une simple cloison et une porte vitrée séparaient seules du jeune homme, elle s'excusa gauchement, maladroitement, par un mensonge énorme : « J'ignorais ce fait, dit-elle ; quand je l'ai appris, je m'évanouis. »

« Pour ce qui est du corps de votre fils, je consens que l'on vienne le mettre en bière demain matin, à sept heures, ou, pour mieux dire, à six heures et demie. »

— « C'est entendu ».

La conversation prit fin sur ces mots.

La nuit qui suivit, le père et la mère veillèrent seuls le cadavre de leur fils.

Ils avaient bien songé, dans la journée, à faire faire la photographie du mort. Mais il était si affreusement maigre qu'ils ne donnèrent pas suite à cette idée.

Mlle Guildal et sa famille avaient très obligeamment proposé de venir partager la veillée funèbre. Le père et la mère remercièrent très affectueusement, mais refusèrent. De même pour le lendemain. Il fut bien entendu que la famille Guildal ne se dérangerait pas, et que seuls le père et la mère accompagneraient le cercueil depuis la villa des Pommes d'Or jusqu'à la gare de Cannes.

Ainsi fut fait. Mais il y eut une station que le père et la mère n'avaient point prévue.

***

En effet, la directrice de la villa des Pommes d'Or s'arrangea de façon à prendre sa revanche.

D'abord, au point de vue de l'heure.

Ce fut non pas à six heures et demie ou à sept heures qu'on vint frapper à la porte de la chambre du mort, mais entre cinq et six heures du matin, et plus près de cinq que de six.

Les parents ouvrirent : c'était un ordonnateur des pompes funèbres, qui, respectueux, mais impérieux, leur dit : « Pas de bruit, je vous en prie : tout sera fait selon les plus strictes convenances. Nous venons chercher le corps. Laissez-nous faire, et suivez-nous. »

— « Faites, monsieur », répondit le père.

Alors, l'ordonnateur se retourna, et fit un signe discret.

Deux employés entrèrent, apportant un léger cercueil de bois blanc.

Ils le déposèrent sur le pavé, auprès du lit, et, sans rien dire, enlevèrent le mort.

La mère prit son oreiller et le glissa dans le cercueil, pour servir doucement d'appui à la tête inanimée.

« Maintenant, partons, dit l'ordonnateur. Venez avec nous. Nous allons au dépôt des cercueils, à deux pas d'ici. C'est là que se fera la mise en bière définitive. »

XXXVII

MISE AU CERCUEIL EN PLEIN AIR

Les deux employés se prirent, chacun par un bout, le cercueil. Les deux parents suivaient, puis l'ordonnateur.

On prit le petit corridor, à gauche, puis on traversa le vestibule.

Arrivés sur la terrasse, toujours seuls (nul de la maison ne se montra), on ne prit pas, à droite, la belle allée de palmiers trapus et feuillus et de lavandes fleuries qui mène au grand portail et à la route de Grasse.

Non. On se dirigea non pas vers l'Est, mais vers le Nord. On longea la cuisine, on traversa la basse-cour, et l'on ouvrit la petite porte qui donne sur la ruelle presque déserte qui borne la villa du côté du Nord, et des deux cimetières jumeaux, le catholique et le protestant (il y a à Cannes, quatre églises anglaises pour le moins).

Là, dans la ruelle solitaire, un corbillard attendait. On y hissa le mince cercueil de bois blanc.

« Maintenant au dépôt », prononça l'ordonnateur.

Le cocher réveilla ses deux chevaux somnolents ; l'attelage partit au pas. Les employés et les deux parents suivirent.

Après un bref parcours dans la ruelle déserte, le corbillard arriva dans la rue, dite « la route de Grasse ». Mais, au lieu de descendre vers la gare, il remonta vers le haut de la colline, où sont, tout proches, les cimetières, qu'on aperçoit bientôt : des mimosas fleuris cachent mal le grand mur blanc de l'enceinte.

Cette partie haute de la banlieue du nord-est de Cannes est peu habitée : des jardiniers, des maçons, quelques villas modestes, puis les deux grands cimetières.

Avant d'arriver au premier des deux, au catholique,

on remarque, à droite de l'entrée principale du cimetière, parmi d'assez pauvres jardins, un très grand hangar. Devant ce hangar, une cour sur laquelle ouvre le hangar, fermé des trois autres côtés par des murs. Autour de cette cour, règne un mur d'enceinte assez bas.

C'est le dépôt des cercueils, situé à quelque cinquante mètres du cimetière, et légèrement en contre-bas.

Pas de témoins, pas d'indiscrets. Quelques maisons encore fermées, et des jardins.

On entra dans la cour qui est devant le hangar. Les deux employés descendirent le cercueil, et, doucement, le posèrent sur le sol, devant le hangar, en plein air.

L'aube s'allumait. Mais on ne voyait pas encore le soleil.

***

Pendant les préparatifs, l'ordonnateur emmena le père et la mère dans le grand hangar aux cercueils.

Il y en avait des centaines et des centaines, méthodiquement rangés et classés, comme des livres dans une bibliothèque bien tenue.

Il y en avait de très simples : les cercueils des pauvres. Puis ceux des demi-riches. Puis ceux des riches. Ces derniers étaient en chêne ciré et verni, avec des ferrures peintes en argent. Enfin, les cercueils des très riches, chargés ou surchargés de sculptures en bas-relief et en demi-relief, et des garnitures métalliques dont certaines paraissaient être d'argent massif.

« Voici quelques prix, dit l'ordonnateur : quatre cents francs, huit cents francs ; mille ; quinze cents. Quant aux cercueils chargés de sculptures et ferrés d'argent, que vous voyez là-bas, à l'extrémité des piles, ils n'ont plus de prix : nous les cotons d'après la tête de l'acheteur. »

On sortit du hangar aux cercueils et l'on revint dans la cour, en plein air, sous la lueur croissante du matin.

Il faisait très doux, et l'on sentait les mimosas voisins, et la végétation des jardins. La journée s'annonçait très belle : un avant goût du printemps de Cannes.

*
* *

Dans la cour, pendant que l'ordonnateur occupait les parents à la revue des différentes catégories de cercueils, les employés avaient fait leur travail, discrètement, sans bruit.

Trois cercueils étaient là, emboîtés l'un dans l'autre, le cercueil de plomb étant le second. Ils étaient ouverts.

Le mort était posé dans le cercueil central, la tête reposant sur l'oreiller que lui avait glissé sa mère.

Il avait toujours les yeux et les lèvres à demi-ouverts.

Il paraissait sourire tristement au matin naissant, et attendre le soleil prêt à paraître, ce soleil qu'il ne verrait plus jamais.

Mais il était immobile, et ne sentait point le parfum des mimosas du cimetière tout proche, ni les végétations des jardins ambiants.

« C'est le moment », dit simplement l'ordonnateur.

La mère, puis le père, déposèrent chacun un baiser sur le front moite et froid.

Alors, les deux employés replièrent sur ce visage fin et intelligent, mais mort, qu'on ne verrait jamais plus et qui bientôt noircirait, puis pourrirait, les bords du linceul.

Le cadavre reposait sur un lit de charbon pulvérisé et mêlé à des substances chimiques : le tout était destiné à absorber les gaz et les liquides de décomposition. Ce lit de terre hygiénique sous-jacent, les parents ne l'avaient pas vu.

Mais il fallut bien qu'ils voient de leurs yeux étendre sur la blancheur du linceul qui enveloppait leur fils la poussière noire, la poussière chimique dans laquelle on enferme les cadavres qui doivent voyager jusqu'au cimetière du pays natal.

Le père et la mère virent donc ce nuage noir et irrespirable remplir le cercueil jusqu'aux bords. La main des employés, avec une lenteur et une délicatesse respectueuses, le tassaient légèrement, afin qu'il comblât l'intervalle restant entre le maigre corps vêtu du linceul et les côtés du cercueil intérieur.

Les parents ne dirent rien, admirant et imitant la simple et parfaite tenue de ces hommes, qui savaient éviter de choquer leur délicatesse, et leur amour pour le mort.

Combien ces employés des pompes funèbres se montraient plus humains que l'infirmière à l'égard de ce cadavre qu'ils ne connaissaient pas, et qu'ils voyaient pour la première et la dernière fois ! Et surtout, combien ces manuels, ces manœuvres étaient supérieurs, au point de vue moral et humain, aux Drr Scapin, Bruth, Casanère et Corassecq !

Que n'avaient-ils été, ces hommes simples, naturels et droits, les médecins à qui le malade avait été confié !

Que n'étaient-ils les techniciens de la santé, au lieu d'être les serviteurs de la mort !

Quand donc sonnera l'heure où les techniciens de la santé et tous les autres techniciens, seront simples et humains comme eux, et sauront, comme eux, respecter dans l'homme, l'humanité, la souffrance et la pensée?

Quand donc disparaîtra notre stupide et blessante hiérarchie sociale, fondée sur le respect de la richesse et de la paresse?

Quand donc viendra le règne du travail et du bon sens, le règne de l'homme?

***

Les employés vissèrent, sans nul bruit et doucement, sur le mort, le couvercle de bois du premier cercueil.

Puis ils soudèrent sur les bords du cercueil de plomb, le couvercle de plomb : on n'entendait rien, que la respiration haletante, rauque de la lampe à souder, dont l'un d'eux promenait légèrement la flamme sur le métal qui, partiellement, fondait sous le souffle brûlant.

Puis ils fixèrent, avec des vis brillantes, le couvercle de chêne sur le cercueil extérieur, tout vernissé. Une plaque de métal jaune éclatant, fixée sur le couvercle, disait le nom du mort, son âge et la ville où il était mort.

Le triple cercueil contenant le cadavre fut hissé sur le corbillard qui attendait, et l'on descendit vers la gare.

Cannes s'éveillait. Des odeurs douces émanaient des jardins et tombaient des terrasses splendides des villas.

Dans la cour de la gare, la très bonne Mlle Guildal attendait.

On ne se dit rien, que quelques paroles de pitié et de remerciement.

Et le triple cercueil partit.

Le père et la mère partirent aussi, vers le village lointain de Hautlieu, et vers son cimetière.

Ils étaient seuls. Ils se sentaient veufs de leur fils cadet, si bon, si simple, si raisonnable, et jadis si fort, que deux dichotomistes avaient tué, pour gagner un peu d'argent.

CONCLUSION PROVISOIRE

I

UN MOT PERSONNEL

J'intitule ces dernières pages « conclusion provisoire » parce que j'espère bien avoir l'occasion de revenir sur la très grave question de la dichotomie, que le grand nombre ignore, et que les non-ignorants redoutent. J'ai exposé dans ce livre, très exactement, très modérément, un crime dichotomique. Il resterait à faire un livre sur la dichotomie elle-même. Ce serait chose facile.

Ici, dans cet ouvrage, mon but principal a été de rendre hommage au mort, au fils que je n'ai pas su défendre contre la ruse criminelle des Drs Scapin et Bruth.

Je sais combien, en réalité, cet hommage est chose vaine. Les morts ne sont plus rien du tout, et c'est nous mêmes que nous aimons en eux. Ils ne sont quelque chose que par l'impression qu'ils ont laissée en nous.

Toutefois, je tiens à apporter au disparu, au tué, deux témoignages : pendant sa longue agonie de six mois, il ne laissa pas échapper une seule plainte, et son doux et aimable stoïcisme ne connut pas de défaillance.

Et, d'autre part, quand il fut mort, je compris, je sentis, j'éprouvai qu'une force considérable, qu'une force énorme s'éloignait de moi.

C'est pourquoi j'ai tenu à élever, à sa mémoire, ce modeste monument.

Et c'est aussi pourquoi je me ferai un devoir de poursuivre, à toute occasion, de ma haine raisonnée, la dichotomie et les dichotomistes.

II

LA PSYCHOLOGIE DES DEUX DICHOTOMISTES

Et, à cette occasion, un scrupule me vient de n'avoir point nommé par leur nom propre, si j'ose ainsi m'exprimer, les deux gredins qui, pour gagner un peu d'argent, le tuèrent.

Mais une pudeur invincible m'a retenu, et m'a défendu d'affronter leur personnalité impure à la pure image de l'adolescent que je pleure. Ce sera pour une autre occasion.

Mettons donc que les Drs Scapin et Bruth sont des symboles, faits avec des pièces psychologiques que j'ai recueillies par ci par là dans l'étude du monde médical.

Et, ces symboles, résumons-les.

Le Dr Scapin sera donc, dans cette fiction, demi-aventurier, demi-médecin.

C'est un grand homme de province qui est venu s'éteindre à Paris. Cependant, il est sinon quelqu'un, du moins quelque chose. Il vice-préside une société des Enfants de l'Aveyron ou du Gard, à moins que ce ne soit de l'Ardèche ou du Tarn. Il est membre du comité central d'un syndicat médical. Il est médecin de la Préfecture de Police, et veille à la santé des agents d'un secteur de banlieue. Et certainement il ne se pare point de cette qualité très officielle, plus qu'officielle, confidentielle, dans la Société populaire à laquelle il prodigue ses consultations. Des consultations ! il se vante de pouvoir en donner cinquante ou soixante par jour ! Il est médecin de quartier, mais il superpose à cette qualité celle de spécialiste en accouchements. Toutefois, la guerre lui a fait changer sa spécialité surérogatoire : sa plaque de marbre a été grattée, et, au lieu d'*accouchements*, l'ouvrier a gravé *maladie des yeux*. En effet, ce patriote éprouva, par suite d'un éclatement d'obus à distance, une « plaie contuse du pied » qui lui valut une année et plus de congés dans des hôpitaux méditerranéens, puis la réforme. Donc, cet éclatement d'obus à distance l'avait physiquement affaibli. Donc, à la spécialisation mouvementée des accouchements il a dû substituer celle, plus calme, de l'introspection oculaire.

Il a des goûts distingués, notamment celui de publier des livres : un journal catholique et fasciste vanta fort la haute moralité d'un de ses derniers romans sportifs. Encore un autre goût très noble : celui de faire, pendant les vacances, de longues randonnées en automobile, par exemple tout autour de la Suisse, pour revenir par les Dolomites, Venise et Grenoble. J'oubliais la photographie. Combinez ces trois goûts : cela vous donne des volumes de tourisme ornés de reproductions photographiques.

Tout cela, pour un médecin de quartier populaire, et qui loge à deux cents mètres des fortifications Est, exige quelque argent.

Que sera-ce que le Dr Bruth? Composons cet autre symbole.

Alsacien, patriote, catholique ou soi-disant tel, volontaire, arriviste, orgueilleux avec, parfois, quelques allures bon enfant, voilà le fond. Il est agrégé, il est chirurgien des hôpitaux, il est expert officiel. Mettons, si vous le voulez, qu'il serait capable de certifier qu'Almereyda s'est suicidé tout seul, et qu'il peut lui arriver qu'un ouvrier accidenté, classé par lui, prématurément ou non, dans la catégorie d'invalidité, tue, de ce fait, son contre-maître. Ce sont là des choses qui se produisent, et tout n'est pas rose dans le métier d'expert : j'en connais un qui reçoit les ouvriers dans un cabinet de consultation qui ressemble à un musée du Moyen-Age, et qui fait asseoir l'expertisé, pour le rassurer, évidemment, sur une haute chaise antique, isolée, au beau milieu de la pièce. C'est ce qui s'appelle mettre les gens à leur aise.

Mais revenons au Dr Bruth. Il a donné des leçons d'anatomie (mais pas de physiologie ni de biologie) aux étudiants, et savez-vous de quoi il *se* vante, à ce sujet, dans ses « *Titres et Travaux* »? De les avoir, par des moyens disciplinaires, forcés à l'assiduité.

Il a écrit quelque peu, en matière de gynécologie. Il a essayé quelques expériences, sur l'ectopie testiculaire, autour desquelles on a fait quelque bruit, mais à tort. Voici de quoi il s'agit. Les testicules naissent à côté des reins, desquels, au début, ils se distinguent à peine. Puis ils s'en différencient, et émigrent, pour arriver, chez l'homme et la plupart des autres mammifères, vous savez où. Mais parfois l'un d'eux, ou les deux, s'arrêtent en route, au passage du canal de l'aîne, par exemple. Cela peut n'être point sans inconvénient. Une opération chirurgicale, très peu compliquée, peut faire descendre le retardataire, l'égaré (*ectopie* veut dire situation *hors de son lieu*) et le fixer dans le scrotum (ou bourse). Mais y sera-t-il vraiment vivant et normal? Cela ne pourra se savoir qu'à la puberté. Donc, le Dr Bruth fit chose vaine en réalisant cette opération sur des garçonnets d'un hôpital d'enfants et en ne les suivant pas. C'était une opération pour rien, sinon pour la réclame personnelle.

Le chirurgien Bruth a la réputation de faire payer les siennes un peu cher, tout en étant assez sage, assez pratique, pour ne point demander à ses opérables une somme telle qu'ils refuseraient. Il est même bon de marchander, affirme-t-on.

Il a du talent opératoire, et surtout de l'audace opératoire et professionnelle. Il sait soigner, et doser sa réclame.

Mais il s'est mis, au point de vue du luxe, sur un pied tel, qu'il lui faudrait du génie pour subvenir à ses frais et dépenses. Quelle horrible tentation, quand on en est là — comme écrivait Eugène Rochard, de l'Académie de Médecine — quelle horrible tentation de s'aboucher et de s'entendre, même sans rien dire, avec des médecins de quartier ambitieux d'argent et de profits faciles. Ces médecins apportent dans la combinaison l'intrigue et l'entregent. Le grand chirurgien fournit la façade, je veux dire la réputation de haute et rigide moralité, et de compétence. C'est la dichotomie, et, pour le vague public des cliniques payantes, c'est l'opération, la répétition d'opérations, la souffrance, la mort. Pour la famille du mort, c'est, avec le deuil, la ruine.

III

LES DEUX MENSONGES DU Dr BRUTH

De ce décor de haute moralité officielle et rigide fait partie, nécessairement, le mensonge médical. Nécessairement, dis-je, car, neuf fois sur dix, l'opération dichotomique est une opération inutile, donc, nuisible, et, à l'occasion mortelle.

Dans le cas qui fait le sujet de ce roman véridique, le Dr Bruth avança deux mensonges énormes : celui de la *contamination imminente* du rein, et celui de la phtisie *foudroyante*.

A titre de démonstration réfutons rapidement l'un et l'autre.

IV

LE MENSONGE DE LA CONTAMINATION IMMINENTE DU REIN

Au jeune homme, le Dr Bruth déclara : si vous ne consentez pas à subir la castration d'emblée — le faux bonhomme partait en vacances trois jours après — la tuberculose, partant du testicule, gagnera le rein. Et ce sera mortel.

C'était fou. Mais le « grand chirurgien » voyant que le père et le fils avaient toute confiance en lui, les avait terrorisés au point de leur faire accepter toute espèce de bourde, fut-elle, comme celle-là, colossale.

Ayez la patience de lire ces quelques extraits de livres de médecine. Après quoi vous serez pleinement édifiés.

Ce phénomène, mensongèrement allégué par l'homme infâme, c'est ce qu'on appelle, en médecine, la contagion *ascendante*.

En fait, cette contagion ascendante, ou bien n'existe pas, ou bien, dans les cas très contestables et très rares où elle semble se produire, est extrêmement lente.

Le principe établi par Baumgarten, à savoir : « Que la tuberculose ne se propage pas contre le courant de l'urine », reste la vérité fondamentale et demeure. La tuberculose descend parfaitement bien du rein, mais elle n'y remonte pas.

C'est cette vérité élémentaire que l'*Encyclopédie française d'Urologie* (Poisson et Desnos, tome II, 1914, page 710), exprime ainsi :

« Le bacille ne peut remonter le courant (de l'urine), car il ne jouit pas de mouvement propre (c'est un végétal, et non un animal) ; il ne peut pas non plus se multiplier dans l'urine ; mais il envahit de proche en proche la paroi de l'uretère (les uretères sont les deux tubes qui amènent l'urine du rein dans la vessie) dilaté, et du bassinet (cavité centrale du rein), dans lesquels stagne l'urine. »

Mais il faut, pour cette contagion infiniment rare, un temps considérable, car « les couches musculaires de la vessie et des uretères ont une résistance remarquable à l'invasion et au processus destructif de la tuberculose ». (*Duplay et Reclus, Traité de chirurgie*, tome VII, 2e édition, 1899, page 290).

En d'autres termes, il faut, pour que ce phénomène de contagion se produise, « une tuberculose de la prostate ou des vésicules séminales existant depuis longtemps déjà ». *Id.*, page 582).

Telle est, sur ce point, la théorie.

Quant aux faits, voici comment le professeur Legueu, de l'Académie de Médecine, les résume, dans son *Traité chirurgical d'Urologie*, 1910, page 564-565) : « Ce mécanisme (de propagation ascendante) ne semble presque jamais se réaliser dans la pratique, car les expérience introduisent le bacille dans l'urétère (voir plus haut pour le sens du mot), alors qu'il devrait remonter directement de la vessie au bassinet (du rein). Et Giani, en introduisant les bacilles simplement dans la vessie, n'a jamais pu obtenir l'infection ascendante du rein... En clinique d'ailleurs, on voit la tuberculose vésicale rester limitée à la vessie pendant des années, *pendant douze ans* dans le cas de Brongersma, sans s'étendre aux uretères... Depuis lors, ni Baumgarten dans ses expériences si complètes, ni Bernard et Salomon n'ont pu produire cette tuberculose rénale ascendante, et aucun des faits si consciencieusement étudiés par Hallé et Motz dans leur travail ne peut être interprété comme un exemple de tuberculose ascendante du rein. »

Il est donc parfaitement établi que le Dr Bruth avait menti en voulant faire craindre une contagion tuberculeuse ascendante du rein.

C'était une fiction atrocement fausse.

V

LE MENSONGE DE LA PHTISIE FOUDROYANTE

Ce mensonge éhonté, c'était pour le fils. Mais, au père, le chirurgien dichotomiste en servit un autre.

Quand il le prit à part dans son antichambre, le Dr Bruth vit que ce pauvre homme était extrêmement hésitant. Lui n'hésita pas : il lâcha, à bout portant, ce mensonge inouï : « Votre fils a une phtisie *foudroyante.* » Or, jamais, absolument jamais il n'y a de phtisie *foudroyante* dans la région génito-urinaire.

Ce qui se dit ainsi, en consultation secrète, n'a pas de témoins. Les canailles peuvent mentir sans se gêner. Le « grand chirurgien » venait de laisser échapper un sujet que lui avait adressé Scapin : une jeune fille tuberculeuse s'était dérobée au bistouri. Il fallait donc dédommager le rabatteur. Le Dr Eugène Rochard, de l'Académie de Médecine, expliqua fort bien, en 1921, cette psychologie du crime dichotomique, et les exigences des rabatteurs.

Toutefois, plus tard, le Dr Bruth ne crut pas pouvoir nier totalement ce propos : il se défendit, ou plutôt il essaya de se défendre en s'appuyant sur l'autorité du grand et honnête chirurgien Duplay, mort récemment.

Cette prétention prouve simplement que le Dr Bruth ne connaît Duplay que par quelques mauvais manuels. Le fameux mémoire de Simon Duplay : « *De la tuberculisation galopante du testicule*, dans l'*Union médicale* de 1860, est exactement le contraire de ce qu'imagine notre dichotomiste.

A cette date, on ignorait le bacille de la tuberculose, que Koch découvrit en 1882. Pasteur n'avait pas encore établi la théorie microbienne. La tuberculose passait encore pour être « une aberration de la nutrition inconnue dans sa source » (Laënnec). L'inoculation à des lapins de la tuberculose humaine ne fut pratiquée par Villemin qu'en 1864. En 1860, Duplay fit une hypothèse qui devançait l'expérience de Villemin. Il se dit : « Est-ce que certaines orchites ne seraient pas d'origine tuberculeuse? » C'était hardi, car la tuberculose est une maladie très lente, tandis que ces orchites affectent parfois une forme rapide « galopante » (mais *jamais* foudroyante).

S'appuyant sur cette hypothèse, que fit Duplay? *Il se garda bien de castrer*, et traita le mal comme on traitait alors la tuberculose, c'est-à-dire par l'huile de foie de morue et les fortifiants ; aux testicules malades il appliqua le remède (d'alors) des tuberculoses des os et des tissus : des injections locales *iodées*. Et les deux premiers sujets qu'il traita ainsi, *en s'abstenant de les castrer*, guérirent parfaitement bien. C'est ce résultat de la non-castration qu'il s'empressa d'enregistrer dans le *Mémoire* de 1860.

Le Dr Bruth, qui est agrégé et qui exploite son titre d'agrégé, aurait dû connaître ce Mémoire.

Et il aurait dû connaître aussi ce passage du *Rapport* de Duplay (pages 858-859), lu au XIIe Congrès international de Médecine, à Moscou, et adopté à l'unanimité : « La castration n'est plus guère employée qu'à titre d'exception..., notamment lorsqu'on se trouve en présence d'une tuberculose *chronique suppurée* avec foyers purulents multiples. » (*Compte rendu officiel*, Moscou, 1899, volume V.)

Nous nous en tenons à ces deux mensonges du Dr Bruth.

Nous ne dirons qu'un simple mot d'une autre de ses contre-vérités.

Un jour que le père manifestait devant lui, très discrètement, quelque inquiétude, il répliqua : « De quoi vous plaignez-vous? Votre fils est traité comme un petit riche. »

Là encore, le Dr Bruth mentait.

Nous pourrions lui citer de nombreux textes qui lui

donnent un sanglant démenti (Duclaux, Bégouin, Sergent, Ribadeau-Dumas et Babonneix). Nous nous en tiendrons à cet extrait de Delore et Chalier (*Tuberculose génitale,* 1920, page 80) : Il convient, d'après ces deux docteurs, de réserver la castration « aux ouvriers et aux gens de la clientèle hospitalière ».

Nous voilà bien loin de la « dictature du prolétariat », et même de la simple humanité.

VI

LA CASTRATION D'EMBLÉE EST UNE BARBARIE

La première personne qui me révéla, dans la castration d'emblée de mon fils, un crime dichotomique fut un de mes anciens élèves, qui étudiait la médecine. Par prudence élémentaire, je ne le nomme pas ici, mais je lui enverrai ce livre, et il se reconnaîtra : « Défiez-vous, me dit-il vivement, il y a à Paris des médecins qui sont des bandits. » Il était trop tard, hélas, pour se défier, pour opposer aux prétentions du chirurgien une méfiance presque toujours légitime, presque toujours nécessaire. Le coup était fait. Les deux compères étaient en vacances. Et la cachexie, prélude de la mort, travaillait déjà l'opéré, qui se mourait à Cannes.

On vient de voir ce que le « grand chirurgien » se permet en fait de mensonges.

Eh bien, la castration d'emblée d'une orchite non suppurée, indolore, apyrétique (sans fièvre) et chronique, c'est l'équivalent de ces mensonges.

C'est un mensonge non plus parlé, mais agi.

Je ne veux pas écraser le lecteur patient qui veut bien me suivre, sous le poids des citations.

Il y a encore quelques manuels attardés, et quelques chirurgiens intéressés, qui tiennent pour la castration.

Mais l'unanimité des livres récents et scientifiques, l'unanimité des praticiens honnêtes la condamnent, et très durement.

Faute de pouvoir citer ici pages sur pages, et noms sur noms, je m'en tiens à cet état d'opinion résumé par la thèse Audebal (*Thèses de Paris*, 1897-1898, n° 220) : « Que parfois la castration s'impose comme ressource ultime, lorsque le testicule n'est plus qu'un *clapier purulent*, lorsque de nombreuses fistules siègent sur le scrotum (bourse), personne ne le conteste » (page 37).

Ajoutons deux ou trois textes, et passons. Je cueille au hasard, parmi mes notes : « La castration nous semble devoir être réservée aux suppurations interminables avec trajets multiples... Il y a donc lieu de tenter la conservation de l'organe toutes les fois qu'elle est possible » (Berger et Hartmann, *Traité de médecine opératoire...*, 1904, pages 359-360).

L'honnête et savant Dr Galtier-Boissière, n'admet, à la toute dernière extrémité, que l'ablation « *d'une partie* du testicule » (*Larousse médical*, 1914, page 664).

« Ouvrir les tuberculoses, nous dit Calot, c'est ouvrir une porte par laquelle la mort entre trop souvent » (*Les maladies qu'on soigne à Berck*, 1900, épigraphe).

Le Dr Bezançon (*Bases actuelles du problème de la tuberculose*, 1922, pages 97-98) insiste : « La granulie (tuberculose généralisée, et presque toujours mortelle) tient, en général, à l'*ouverture* d'un foyer tuberculeux dans un vaisseau sanguin. »

Calot, déjà cité, signale « une inoculation des tissus jusqu'alors sains, mais cruentés et mis à vif ». (*Journal des Praticiens*, 1906, pages 561-564.)

Enfin, le Dr Legueu, de l'Académie de médecine, reproche à la castration d'entraîner une récidive de l'autre côté.

Il écrit : « Cette récidive est de règle après la « castration ». (*Traité chirurgical d'urologie*, 2e édition, 1921, page 883.)

Quelle est la cause dominante, essentielle, de la défaveur de la castration? L'expérience croissante, accumulée, et la connaissance encore imparfaite, mais sûre sur ses bases et certaine dans son ensemble, du rôle éminent des principes physiologiques actifs, des *hormones*, que les cellules interstitielles du testicule répandent dans la circulation sanguine. La croissante notoriété des Drs Voronoff et Retterer, me dispensent d'insister sur cette vérité éclatante, et déjà populaire. (Voronoff, *Greffes testiculaires*, 1922.)

Dans le cas qui nous occupe, l'exemple du jeune homme qui fut victime de l'opération dichotomique des Drs Scapin et Bruth, confirme toutes ces doctrines, mais surtout la théorie de Calot et celles de Voronoff-Retterer).

En effet, sur la chair cruentée et mise à vif, en haut de la cicatrice opératoire, naquirent deux tuberculomes.

Le dichotomiste fit une seconde opération : aux tuberculomes (masses tuberculeuses) succéda un *boudin* tuberculeux.

Voilà pour la théorie Calot.

Et voici pour Voronoff : La castration, l'ablation des cellules interstitielles *brisa* la force de l'adolescent.

Le Dr Bruth ignorait à fond Duplay : je l'ai prouvé.

Mais le Dr Bruth ne pouvait pas ignorer Voronoff.

D'autre part, je prouverais aisément que la préférence accordée par le Dr Legueu et quelques autres à l'épididymectomie vient de ce que cette castration mineure respecte le testicule et les cellules interstitielles productrices d'hormones. L'épididymectomie est-elle utile? Le Dr Legueu, son patron, ne l'a point du tout prouvé. Il n'a même pas essayé. Cet opérateur est un empirique et pratique peu la science.

Mais elle a deux avantages certains : 1° Elle n'est pas la castration ; 2° Elle fait gagner, comme jadis l'appendicectomie, de l'argent aux chirurgiens.

Dans le cas qui nous occupe, le Dr Scapin se fût contenté de l'épididymectomie. Mais quand le Dr Bruth eut imposé la castration d'emblée, il dit : « Bravo! »

VII

LE CORPS MÉDICAL ET LA DICHOTOMIE

Parlons un peu de la dichotomie elle-même, et de sa suppression, si tant est que cette suppression soit possible dans le régime actuel, ce que, pour mon compte, je ne crois pas du tout.

C'est — soit dit sans déclamation — une chose atroce.

Quatre-vingt-dix médecins sur cent la pratiquent, nous dit, sans nulle indignation, le Dr Lemière, qui a consacré à ce sujet une série d'articles dans le *Journal des Praticiens*, de novembre 1923. « Ramenez ce chiffre à cinquante pour cent », me suggère un médecin éminent à qui j'ai soumis le brouillon de ce livre.

Soit : Cinquante pour cent (mais je suis très fortement tenté de trouver ce chiffre trop faible).

Donc, cinquante fois sur cent fois, quand votre médecin vous conseille une opération chirurgicale, il gagne beaucoup d'argent à votre acceptation.

Sans doute il y a des héros de désintéressement. Sans doute le médecin qui vous traite habituellement, qui vous connaît, qui est en relation avec vous et les vôtres, a intérêt à ne pas vous duper.

Mais n'importe : cette situation non seulement autorise, mais commande plus que la prudence, la défiance, plus que la défiance, la méfiance.

Elle est terrible.

Le journal le *Cri de Paris*, dans une série d'articles signés « Un fils d Esculape » (avril-mai 1923) déclare que les choses ne sont ainsi qu'en France. Je veux bien le croire. Mais mon savant médecin me dit : Il n'en est rien : la « dichotomie est partout ». Auquel des deux ajouter foi? Au « Fils d Esculape », ou à mon docte et sympathique conseiller? Je ferai remarquer à ce dernier que le *Journal des Débats*, du 23 décembre 1922, décrit une curieuse séance finale d'un congrès de chirurgiens anglais. On a éteint les lumières. A tour de rôle, des orateurs qu'on ne voit pas montent à la tribune, et font totale confession de leurs fautes chirurgicales. Ils parlent dans l'obscurité. On ne les voit pas, je le répète. On ne sait pas qui ils sont. Ils avouent mainte faute, *Mais pas une seule faute dichotomique.* « Ce n'est pas une preuve », m'objecte mon courtois adversaire... Je n'insiste pas.

Donc, la dichotomie, péril grave, très grave, règne en France.

Que fait le corps médical pour la supprimer? Peut-on compter sur lui?

***

Je ne m'attarde pas à prouver la puérilité de cette hypothèse.

Je pose quelques faits.

La *Déontologie* du Dr Martin de Lyon, aujourd'hui professeur de médecine légale (1re édition, 1914), passe pudiquement sous silence le fait dichotomique.

Le Dr Verger, professeur de médecine légale à la Faculté de Bordeaux, fait dans sa *Déontologie* (ou science des devoirs du médecin) une place à la dichotomie. Il la qualifie « *remise de rabattage* », et paraît croire, mais mollement, que le *Concours médical* de 1912 l'a enterrée en demandant qu'elle soit rendue publique, c'est-à-dire portée à la connaissance des clients intéressés. C'est une erreur totale, mais, visiblement, le Dr Verger la donne pour ce qu'elle vaut.

« La seule pratique inacceptable est la dichotomie clandestine », écrivent, page 326 de leur *Déontologie* (1920), MM. Le Gendre et Ribadeau-Dumas. Leur livre (collection Sergent) est d'une belle tenue et d'une incontestable probité. Nous n'y trouvons point les niaiseries et les petites hypocrisies qui émaillent la *Déontologie* Martin, laquelle en est à sa deuxième édition : honneur notable. De même MM. Le Gendre et Ribadeau-Dumas n'essaient point d'expliquer, c'est-à-dire, en quelque mesure, d'excuser l'égoïsme corporatif de nos syndicats actuels de médecins par je ne sais quel héritage venant du Moyen-Age et de ses confréries. Ils se gardent bien de comparer la situation du médecin d'aujourd'hui à l'égard des profanes, à celle du prêtre à l'égard des laïques. Ils laissent ces tentatives un peu dangereuses au Dr Henri Verger.

« *La seule pratique inacceptable est la dichotomie clandestine.* »

Notez que le Dr Payen, dans sa *Déontologie* dit à peu près la même chose. Cela lui fait grand honneur.

— Il y a donc quelque espérance...

— Détrompez-vous. Il n'y a aucune espérance. Le corps médical ne *fera* rien pour supprimer la dichotomie.

Preuves : « Aux temps héroïques des syndicats », nous dit le Dr Lemière (*Journal des Praticiens*, 1923, 10 novembre, page 2.043), donc, je suppose, au lendemain de la loi de 1884, le tarif du *Concours Médical*, cher au Professeur Verger, était proclamé. La part des honoraires du médecin était fixée entre le cinquième et le tiers du prix de l'opération : Mais il devait figurer sur une *note globale*, remise au client ou à la famille.

Vous en êtes-vous aperçus?

Plus tard, en 1904, comme conclusion du Congrès de Déontologie (je répète : science des devoirs médicaux) de 1900, MM. Lereboullet, Dignat, Glover, *Le Gendre*, et Lepage s'efforcèrent de rédiger un avant-projet de code de Déontologie : l'article 71 établissait le principe de la *note globale*.

Vous en êtes-vous aperçus ?

Je pourrais continuer cette enquête. Elle m'amènerait jusqu'à la situation présente, c'est-à-dire à la dichotomie *clandestine*.

Au reste voici une preuve directe.

Dans le *Journal des Praticiens*, de novembre 1923, le

Dr Lemière, déjà nommé, a consacré à cette question une série d'articles.

En apparence, il s'appuie sur le principe proclamé par MM. Le Gendre et Ribadeau-Dumas.

En réalité, il s'applique à faire respecter, à établir les droits du médecin de quartier à l'aubaine, je veux dire au partage des honoraires payés au chirurgien.

Et il écrit (page 2139) : « Sans doute je n'ai pas la prétention de supprimer la dichotomie et d'empêcher ces petits cadeaux. »

Je lui laisse pour compte ces « petits cadeaux ».

***

Je ne m'arrête pas au projet d'un *conseil de l'ordre* des médecins.

Nous savons ce qu'est le conseil de l'ordre des avocats, lequel ne songe qu'à une chose, brimer les « extrémistes », c'est-à-dire les avocats d'extrême gauche. Ceux d'extrême droite sont sacrés.

C'est une absurdité énorme que de demander aux *corps privilégiés* de se discipliner, de se normaliser eux-mêmes.

Quant aux tribunaux (voir notamment les jugements de Tours, de Paris et de Loches, commentés par le Dr Lemière dans les articles déjà cités), ils reconnaissent la dichotomie, et s'en rapportent généralement aux syndicats médicaux, dont il nous reste à dire un mot.

Quant à attendre de la Chambre des Députés et du régime parlementaire sous la forme actuelle une loi raisonnable et efficace sur la dichotomie, c'est une illusion à laquelle nous ne nous arrêtons même pas.

« Comment supprimer une coutume qui ne constitue pas un délit ? écrit le Dr Ponthieu (voir *Journal des Praticiens*, 24 novembre 1923, pages 2138-2139).

VIII

ROLE NÉGATIF DES SYNDICATS MÉDICAUX

Je n'en parle que pour mémoire, ou plutôt pour dire qu'il n'y a rien du tout à en attendre. Ceux de mes lecteurs qui suivent, dans les périodiques médicaux, les critiques et les résolutions des dits syndicats à l'égard de la Loi des Assurances sociales dont le projet est enseveli dans les cartons verts du Sénat me comprendront à demi-mot.

Pour les autres, voici quelques précisions utiles. A titre d'indication : car cette question mériterait d'être étudiée à part, et le sera peut-être.

Le professeur Verger, dans sa *Déontologie* (1921), caractérise à peu près l'esprit des divers syndicats médicaux en évoquant le souvenir des corporations et des confréries du Moyen-Age.

Mais il aurait pu ne pas prendre ce détour et aller droit au but en disant que ces syndicats sont uniquement, exclusivement, des organes de défense professionnelle. Ce sont des syndicats de privilégiés, de « monopoleurs ».

Plus caractéristique encore est la façon dont le Dr Martin (de Lyon) les recommande, les préconise dans la 1re édition (1914) de sa *Déontologie*. Tous ses conseils, basés exclusivement sur l'intérêt professionnel se résument en cette phrase lapidaire, qu'on pourrait inscrire en lettres d'or — c'est le cas — sur la porte d'entrée de tous les syndicats privilégiés :

« *Excellent moyen d'action pour défendre et accroître les rendements de notre profession* » (*Précis de Déontologie*, 1re édition, 1914, page 92.)

Cette citation me dispense d'insister, et me permet de me hâter vers le conclusion de cette « *Conclusion provisoire* ». Elle explique même, suffisamment pour aujourd'hui, l'épithète : « provisoire ».

A la lumière de ce texte on comprend l'attitude et la politique corporative, ou, pour mieux dire, corporatiste, de ces syndicats.

Ce sont des sociétés de soutien moral *mutuel*, de défense *mutuelle*.

Dans un procès en dichotomie, par exemple, le président de l'un d'entre eux, et non des moindres, interviendra avec une indiscrétion qui va jusqu'à la plus grossière maladresse. Il n'écrira pas : « J'ai pleine confiance dans l'affirmation de tel médecin qui dit que le choix du chirurgien fut fait par la famille. » Non. Il témoignera, lui, président, lui, docteur, que c'est la famille qui *a indiqué* à son médecin habituel *tel chirurgien*. Or, comment le saurait-il? A-t-il assisté à la consultation, invisible et présent, comme Asmodée, le Diable Boiteux?

Et cet exemple d'impudeur logique, ou plutôt illogique, est contagieux. Je pourrais citer tel professeur illustre qui, sur un papier officiel, portant en tête le nom d'un de nos premiers hôpitaux de Paris, adresse à un prévenu un prétendu témoignage vicié par le même défaut interne : un témoignage sur le contenu concret d'une consultation à laquelle il n'assista point. Souhaitons que ce personnage use d'une autre méthode quand il étudie la vision d'un client.

Et passons.

Le Tribunal qui a une autre mentalité, voit bien ce qu'a de paradoxal cette bizarre logique, mais il se tait, à la fois indulgent et respectueux. Et les avocats se taisent aussi : car tout cela fait partie d'un système social dont ils sont aussi les profiteurs.

Morale : ce ne seront pas nos syndicats médicaux actuels qui feront la moindre peine aux dichotomistes.

Ils les protégeront.

IX

LA MÉDECINE D'ASSURANCE SOCIALE

Est-il vrai que les médecins tchéco-slovaques qui sont venus visiter récemment notre temple d'Esculape et ses grandes prêtres forment un syndicat, ou une sorte de syndicat, animé d'un tout autre esprit? Je l'ai lu dans des périodiques médicaux, et je me le suis laissé dire. Mais je demeure sceptique. La prétendue démocratie tchéco-slovaque s'est d'abord, en 1918, recommandée à la bienveillante attention des puissances alliées en plantant un poignard dans le dos d'un pays en état de révolution prolétarienne, la Russie.

S'il s'agissait de trouver les traces, les signes d'un esprit nouveau en médecine, je l'irais plutôt chercher dans les tableaux de statistique comparative que le Bureau du Travail International de Genève a publiés à l'occasion de nos efforts vers l'élaboration d'une Loi d'Assurance sociale.

A mon avis, — et cet avis était aussi celui du jeune homme qui fut victime des Drs Scapin et Bruth, lesquels, soit dit en passant, connaissaient très bien ses tendances : certes, ce n'est point pour cela qu'ils le tuèrent, mais ces tendances ne le recommandaient ni à leur bienveillance, ni à leur respect — à mon avis, ces lois d'assurance sociale nous préparent, sans d'ailleurs le rechercher ni le vouloir, une nouvelle génération de médecins. L'inévitable révolution sociale, quelle que soit la forme qu'elle prendra, fera le reste, c'est-à-dire réalisera cet esprit nouveau de la médecine.

Selon cet esprit, la maladie sera regardée pas non seulement comme un fait individuel, mais aussi comme un fait social et collectif. Collectif et social sera également le salaire du médecin. Ce dernier prendra en considération beaucoup moins les individus riches (d'ailleurs il n'y aura plus de riches, au sens actuel du mot) que les masses. Il contractera ainsi l'esprit de masses, c'est-à-dire l'esprit d'humanité, de solidarité, de bonté.

Dans ce nouveau terrain social, il n'y aura plus de fumier de culture pour l'arrivisme féroce qui règne généralement dans ce qu'on appelle, d'un terme bizarre, les hautes sphères sociales. L'amoralisme disparaîtra, n'ayant plus d'aliments. Les écumeurs du genre des Docteurs Scapin et Bruth seront bien forcés de se plier au cours nouveau des choses, et de changer de peau. Cette métamorphose sera le produit naturel et obligatoire d'un milieu social profondément modifié.

Le recrutement même des médecins sera profondément, totalement changé dans ses racines mêmes. Aujourd'hui, nos prétendues élites sociales, nos hautes technicités, médecine, droit, etc... sont d'origine exclusivement censitaire. Vous y avez accès si vos parents sont assez riches pour subvenir à vos frais d'études. Ne parlons pas des examens : ce ne sont pas des obstacles, mais de simples épreuves probatoires qui laissent passer non seulement des médiocres, mais aussi des faibles et des incapables. L'accession aux plus hauts postes de l'État est une question d'argent. Il faut avoir, en moyenne, une centaine de mille francs à verser aux différents économats universitaires. Dans les cités d'étudiants fondées sur les hauteurs de Montsouris par un « généreux donateur », c'est-à-dire par un exploiteur intelligent, l'étudiant doit payer, pour son seul logement, cent cinquante francs par mois.

Voilà pourquoi le Russie soviétique a formé ses *rabfak*, ou Facultés ouvrières. Les syndicats subventionnent et l'État favorise des étudiants prolétariens, destinés à suivre plus tard les cours des Universités, et à devenir les hauts fonctionnaires *prolétariens* de l'État *prolétarien*. Nous sommes encore un peu loin de cet état d'esprit, et de cette sagesse.

Issues de l'argent, nos prétendues élites sociales n'ont en vue que l'argent.

Leur désintéressement est affecté. Encore cette affectation n'est-elle plus guère de mode. Par exemple, le Dr Martin de Lyon écrit dans sa Déontologie (1914), cette phrase : « L'honnêteté du corps médical dépendra absolument dans l'avenir, de l'austérité et de la simplicité de la vie de ses membres » (page 21). Mais quatre pages après (page 25) il propose de dresser, comme obstacle à un recrutement trop nombreux de médecins, l'étude du grec. Et, quand il invite ses jeunes confrères à entrer dans les syndicats, les « Sou Médical », et autres « Ancre » ou sociétés de défense pécuniaire, il fait miroiter uniquement à leurs yeux l'*intérêt :* Le Syndicat accroît « les rendements de notre profession ». Il protège en particulier les médecins « contre les actions civiles en dommages-intérêts qui pourraient leur être intentées en raison des faits cliniques et thérapeutiques accomplis dans l'exercice de leur profession ». (page 276).

Le Dr Martin (de Lyon) n'ignore certainement pas le fait dichotomique.

Mais il n'en dit pas un traître mot, parce qu'il sent bien que la dichotomie est une affaire d'argent, de même que la médecine est, pour la plupart de ses adeptes, une affaire d'argent.

Il n'y a, aux yeux de l'historien et du sociologue, entre la médecine et le dichotomie qu'une différence de degré. L'état actuel de la médecine, y compris la dichotomie, est le produit nécessaire, fatal, de notre état économique. Il y a là une loi à laquelle n'échappent que quelques natures d'élite, douées d'une très haute raison, ou d'une exquise sensibilité. Tout notre respect, et, j'ose dire, toute notre affection vont à ces natures d'élite.

X

LA DICHOTOMIE EST, PRÉSENTEMENT, FATALE

C'est dire assez clairement que la dichotomie est, présentement, une chose fatale.

Tout au plus pourrait-il se former contre elle, quelque ligue, dans le genre des sociétés anti-vivisectionnistes. Encore n'est-ce guère probable. Ce n'est pas un sentiment d'humanité, mais bien de réaction, qui guide presque tous les animateurs de ces sortes de groupements. On y parle, on y écrit un peu pour les animaux, que nous devons d'ailleurs aimer et respecter, mais beaucoup contre la science et la médecine scientifique. Je pourrais citer une revue anti-vivisectionniste qui publie contre la médecine pasteurienne des articles dignes de quelque obscur et envieux moinillon du Moyen-Age.

Actuellement on ne peut qu'avertir et prévenir quelques individus profanes, quelques « clients » des médecins, contre l'odieux péril dichotomique.

C'est peu, très peu de chose.

Aussi le principal souci des hommes raisonnables et bons, et de ceux qui ont souffert indirectement ou directement (mais ces derniers sont probablement morts) doit-il être de favoriser la révolution sociale profonde qui, en changeant totalement notre statut économique, supprimera les fausses élites sociales.

La dichotomie est un produit nécessaire, inévitable, de la Médecine telle qu'elle se recrute actuellement.

Les Drs Scapin et Bruth sont des produits, hélas ! normaux de notre système d'éducation, d'instruction, et de sélection sociale.

Et, chose singulière, du moins en apparence et à première vue, ces coryphées du régime capitaliste ont frappé et atteint, dans ce jeune lauréat de l'École Normale Supérieure qu'ils ont mutilé sans autre raison que le gain et l'argent, un ennemi réfléchi, et déjà savant, de ce même régime capitaliste.

A cette pure et déplorable victime, nous ne pouvons offrir, en hommage posthume, que l'expression réfléchie de notre respect très profond, et de nos vifs remords.

Sa mort criminelle, fut, au regard de la raison historique, un fruit du régime actuel.

TABLE DES CHAPITRES

TABLE DES CHAPITRES

CONCLUSION PROVISOIRE

ACHEVÉ D'IMPRIMER LE

31 MARS 1926

A LA

SOCIÉTÉ FRANÇAISE D'IMPRIMERIE D'ANGERS

4, RUE GARNIER, ANGERS

www.ingramcontent.com/pod-product-compliance
Ingram Content Group UK Ltd.
Pitfield, Milton Keynes, MK11 3LW, UK
UKHW020555180726
13838UKWH00001B/254

9 782329 306445